# 城市公共交通法律法规政策文件汇编

交通运输部运输服务司 编

人民交通出版社股份有限公司
China Communications Press Co.,Ltd.

## 内 容 提 要

本汇编包含与城市公共交通发展有关的国家相关法律和规章，以及城市优先发展公共交通、国家公交都市建设示范工程、公交智能化应用示范工程、新能源汽车推广应用、公共交通财政及税收优惠、政府购买服务等近年来国家和相关部门在公共交通发展方面发布的政策文件。

本书旨在为政府相关部门制定城市公共交通发展政策、加强城市公共交通行业管理、推进公交都市建设等工作，及有关企事业单位参与城市公共交通发展等相关工作提供参考和帮助。

**图书在版编目（CIP）数据**

城市公共交通法律法规政策文件汇编／交通运输部运输服务司编. —北京：人民交通出版社股份有限公司，2017.4
　　ISBN 978-7-114-13706-8

Ⅰ. ①城… Ⅱ. ①城… Ⅲ. ①城市交通—交通法—汇编—中国　Ⅳ. ①D922.149

中国版本图书馆 CIP 数据核字（2017）第 046811 号

Chengshi Gonggong Jiaotong Falü Fagui Zhengce Wenjian Huibian

| | |
|---|---|
| 书　　名： | 城市公共交通法律法规政策文件汇编 |
| 著　作　者： | 交通运输部运输服务司 |
| 责任编辑： | 何　亮　屈闻聪 |
| 出版发行： | 人民交通出版社股份有限公司 |
| 地　　址： | (100011) 北京市朝阳区安定门外外馆斜街 3 号 |
| 网　　址： | http://www.ccpress.com.cn |
| 销售电话： | (010) 59757973 |
| 总　经　销： | 人民交通出版社股份有限公司发行部 |
| 经　　销： | 各地新华书店 |
| 印　　刷： | 北京市密东印刷有限公司 |
| 开　　本： | 720×960　1/16 |
| 印　　张： | 16 |
| 字　　数： | 236 千 |
| 版　　次： | 2017 年 4 月　第 1 版 |
| 印　　次： | 2017 年 12 月　第 3 次印刷 |
| 书　　号： | ISBN 978-7-114-13706-8 |
| 定　　价： | 40.00 元 |

(有印刷、装订质量问题的图书由本公司负责调换)

# 前言

城市公共交通是满足人民群众基本出行需求的社会公益性事业，与人民群众生产生活息息相关，是政府应当提供的基本公共服务和重大民生工程。党中央、国务院高度重视城市公共交通发展，2012年12月，国务院发布《国务院关于城市优先发展公共交通的指导意见》（国发〔2012〕64号），进一步确立了城市公共交通优先发展战略，并提出了一系列优先发展公共交通的重大政策措施。

国务院大部门体制改革以来，交通运输部认真落实党中央、国务院决策部署，积极履行指导城市客运管理职责，加强与有关部门的协作配合，加强对地方的指导，深入落实城市公共交通发展战略，通过加快城市公共交通法规建设、开展公交都市创建活动、推动完善公交优先支持政策、大力推广应用新能源汽车、加快城市公共交通标准规范建设等各项重点工作的推进，城市公交服务保障能力不断提高，公交优先发展理念逐步得到广泛认同，城市公交客运服务质量稳步提升，城市公交行业改革取得了新进展，城市公共交通的发展取得了积极成效。

习近平总书记指出，"十三五"是交通运输基础设施发展、服务水平提高和转型发展的黄金时期。《中华人民共和国国民经济和社会发展第十三个五年规划纲要》明确提出："实行公共交通优先，加快发展城市轨道交通、快速公交等大容量公共交通，鼓励绿色出行。"优先发展公共交通是缓解城市交通拥堵、转变城市交通发展方式、提升人民群众生活品质、提高政府基本公共服务水平的必然要求，是构建资源节约型、环境友好型社会的战略选择。"十三五"时期，城市公共交通发展必须牢牢抓住黄金时期,以推进供给侧结构性改革为主线,强化法律支撑,完善标准规范,努力破解发展难题,不断推进实现城市公共交通治理能力和治理体系现代化,更好地满足公众出行需要。

为便于社会各界全面了解国家和部门有关城市公共交通发展的法规政策,我们对近五年来出台的涉及公共交通发展相关法律法规、部门规章和规范性文件等重要政策进行了整理,汇编为《城市公共交通法律法规政策文件汇编》一书,供各级公共交通主管部门及有关企事业单位相关人员学习和参考。

交通运输部运输服务司<br>
2017 年 4 月

## 一、相关法律、规章

中华人民共和国反恐怖主义法

  （2015 年 12 月 27 日 第十二届全国人民代表大会常务委员会

   第十八次会议通过，中华人民共和国主席令 第 36 号）………… 3

基础设施和公用事业特许经营管理办法

  （2015 年 4 月 25 日 国家发展改革委 财政部 住房和城乡

   建设部 交通运输部 水利部 人民银行令 第 25 号）………… 24

城市公共汽车和电车客运管理规定

  （2017 年 3 月 7 日  交通运输部令 第 5 号）………………… 34

## 二、城市优先发展公共交通

中共中央 国务院关于进一步加强城市规划建设管理工作的若干意见

  （2016 年 2 月 6 日 中发〔2016〕6 号）……………………… 49

国务院关于城市优先发展公共交通的指导意见

  （2012 年 12 月 29 日 国发〔2012〕64 号）………………… 59

交通运输部关于贯彻落实《国务院关于城市优先发展公共交通的

 指导意见》的实施意见

  （2013 年 6 月 14 日 交运发〔2013〕368 号）……………… 65

交通运输部关于印发《城市公共交通"十三五"发展纲要》的通知

  (2016年7月18日  交运发〔2016〕126号) …………… 75

交通运输部 国家发展改革委 公安部 财政部 国土资源部
  住房城乡建设部 农业部 商务部 供销合作总社 国家邮政局
  国务院扶贫办关于稳步推进城乡交通运输一体化提升公共服务
  水平的指导意见

  (2016年11月9日  交运发〔2016〕184号) …………… 95

## 三、国家公交都市建设示范工程

交通运输部关于开展国家公交都市建设示范工程有关事项的通知

  (2011年11月9日  交运发〔2011〕635号) …………… 105

交通运输部关于印发《公交都市考核评价指标体系》的通知

  (2013年6月24日  交运发〔2013〕387号) …………… 113

交通运输部关于推进公交都市创建工作有关事项的通知

  (2013年7月15日  交运发〔2013〕428号) …………… 130

交通运输部办公厅关于进一步加强公交都市创建工作动态监管
  有关事项的通知

  (2014年4月16日  厅运字〔2014〕74号) …………… 133

交通运输部办公厅关于落实公交都市创建城市支持政策推进城市
  综合客运枢纽建设有关事项的通知

  (2014年7月30日  交办运〔2014〕149号) …………… 139

交通运输部办公厅关于全面推进公交都市建设等有关事项的通知

  (2016年11月30日  交办运〔2016〕157号) …………… 141

## 四、公交智能化应用示范工程

交通运输部办公厅关于加快推进城市公共交通智能化应用
  示范工程建设有关事项的通知

  (2014年4月22日  厅运字〔2014〕79号) …………… 149

交通运输部办公厅关于印发城市公共交通智能化应用示范工程
　　建设指南的通知
　　　　（2014年5月28日　　厅运字〔2014〕105号）………… 151
交通运输部办公厅关于进一步加快推进城市公共交通智能化应用
　　示范工程建设有关工作的通知
　　　　（2015年6月5日　　交办运〔2015〕88号）…………… 176
交通运输部办公厅关于印发城市公共交通智能化应用示范工程
　　技术要求的通知
　　　　（2015年12月7日　　交办科技函〔2015〕947号）…… 179

## 五、新能源汽车推广应用

国务院办公厅关于加快新能源汽车推广应用的指导意见
　　　　（2014年7月14日　　国办发〔2014〕35号）………… 185
交通运输部关于加快推进新能源汽车在交通运输行业推广应用的
　　实施意见
　　　　（2015年3月13日　　交运发〔2015〕34号）………… 192
财政部　工业和信息化部　交通运输部关于完善城市公交车成品油
　　价格补助政策加快新能源汽车推广应用的通知
　　　　（2015年5月11日　　财建〔2015〕159号）…………… 198
交通运输部　财政部　工业和信息化部关于印发《新能源公交车
　　推广应用考核办法（试行）》的通知
　　　　（2015年11月3日　　交运发〔2015〕164号）………… 205
财政部　科技部　工业和信息化部　发展改革委关于调整新能源
　　汽车推广应用财政补贴政策的通知
　　　　（2016年12月29日　　财建〔2016〕958号）………… 213

## 六、公共交通财政及税收优惠政策

财政部　国家税务总局关于城市公交站场道路客运站场城市轨道
　　交通系统城镇土地使用税优惠政策的通知
　　　　（2016年2月4日　　财税〔2016〕16号）……………… 223

3

财政部　国家税务总局关于城市公交企业购置公共汽电车辆
　　免征车辆购置税的通知
　　　　（2016年7月25日　　财税〔2016〕84号）……………… 224
国家税务总局　交通运输部关于城市公交企业购置公共汽电车辆
　　免征车辆购置税有关问题的通知
　　　　（2016年10月25日　　税总发〔2016〕157号）…………… 225

## 七、政府购买服务相关政策

国务院办公厅关于政府向社会力量购买服务的指导意见
　　　　（2013年9月26日　　国办发〔2013〕96号）……………… 229
财政部　民政部　工商总局关于印发《政府购买服务管理办法
　　（暂行）》的通知
　　　　（2014年12月15日　　财综〔2014〕96号）……………… 234
财政部　交通运输部关于推进交通运输领域政府购买服务的指导意见
　　　　（2016年2月22日　　财建〔2016〕34号）………………… 242

# 一、相关法律、规章

# 中华人民共和国反恐怖主义法

(2015年12月27日　第十二届全国人民代表大会常务委员会第十八次会议通过，中华人民共和国主席令　第36号)

## 第一章　总　　则

**第一条**　为了防范和惩治恐怖活动，加强反恐怖主义工作，维护国家安全、公共安全和人民生命财产安全，根据宪法，制定本法。

**第二条**　国家反对一切形式的恐怖主义，依法取缔恐怖活动组织，对任何组织、策划、准备实施、实施恐怖活动，宣扬恐怖主义，煽动实施恐怖活动，组织、领导、参加恐怖活动组织，为恐怖活动提供帮助的，依法追究法律责任。

国家不向任何恐怖活动组织和人员作出妥协，不向任何恐怖活动人员提供庇护或者给予难民地位。

**第三条**　本法所称恐怖主义，是指通过暴力、破坏、恐吓等手段，制造社会恐慌、危害公共安全、侵犯人身财产，或者胁迫国家机关、国际组织，以实现其政治、意识形态等目的的主张和行为。

本法所称恐怖活动，是指恐怖主义性质的下列行为：

（一）组织、策划、准备实施、实施造成或者意图造成人员伤亡、重大财产损失、公共设施损坏、社会秩序混乱等严重社会危害的活动的；

（二）宣扬恐怖主义，煽动实施恐怖活动，或者非法持有宣扬恐怖主义的物品，强制他人在公共场所穿戴宣扬恐怖主义的服饰、标志的；

（三）组织、领导、参加恐怖活动组织的；

（四）为恐怖活动组织、恐怖活动人员、实施恐怖活动或者恐怖活动培训提供信息、资金、物资、劳务、技术、场所等支持、协助、便利的；

（五）其他恐怖活动。

本法所称恐怖活动组织，是指三人以上为实施恐怖活动而组成的犯罪组织。

本法所称恐怖活动人员，是指实施恐怖活动的人和恐怖活动组织的成员。

本法所称恐怖事件，是指正在发生或者已经发生的造成或者可能造成重大社会危害的恐怖活动。

**第四条** 国家将反恐怖主义纳入国家安全战略，综合施策，标本兼治，加强反恐怖主义的能力建设，运用政治、经济、法律、文化、教育、外交、军事等手段，开展反恐怖主义工作。

国家反对一切形式的以歪曲宗教教义或者其他方法煽动仇恨、煽动歧视、鼓吹暴力等极端主义，消除恐怖主义的思想基础。

**第五条** 反恐怖主义工作坚持专门工作与群众路线相结合，防范为主、惩防结合和先发制敌、保持主动的原则。

**第六条** 反恐怖主义工作应当依法进行，尊重和保障人权，维护公民和组织的合法权益。

在反恐怖主义工作中，应当尊重公民的宗教信仰自由和民族风俗习惯，禁止任何基于地域、民族、宗教等理由的歧视性做法。

**第七条** 国家设立反恐怖主义工作领导机构，统一领导和指挥全国反恐怖主义工作。

设区的市级以上地方人民政府设立反恐怖主义工作领导机构，县级人民政府根据需要设立反恐怖主义工作领导机构，在上级反恐怖主义工作领导机构的领导和指挥下，负责本地区反恐怖主义工作。

**第八条** 公安机关、国家安全机关和人民检察院、人民法院、司法行政机关以及其他有关国家机关，应当根据分工，实行工作责任制，依法做好反恐怖主义工作。

中国人民解放军、中国人民武装警察部队和民兵组织依照本法和其他有关法律、行政法规、军事法规以及国务院、中央军事委员会的命令，并根据反恐怖主义工作领导机构的部署，防范和处置恐怖活动。

有关部门应当建立联动配合机制，依靠、动员村民委员会、居民委员会、企业事业单位、社会组织，共同开展反恐怖主义工作。

第九条　任何单位和个人都有协助、配合有关部门开展反恐怖主义工作的义务，发现恐怖活动嫌疑或者恐怖活动嫌疑人员的，应当及时向公安机关或者有关部门报告。

第十条　对举报恐怖活动或者协助防范、制止恐怖活动有突出贡献的单位和个人，以及在反恐怖主义工作中作出其他突出贡献的单位和个人，按照国家有关规定给予表彰、奖励。

第十一条　对在中华人民共和国领域外对中华人民共和国国家、公民或者机构实施的恐怖活动犯罪，或者实施的中华人民共和国缔结、参加的国际条约所规定的恐怖活动犯罪，中华人民共和国行使刑事管辖权，依法追究刑事责任。

## 第二章　恐怖活动组织和人员的认定

第十二条　国家反恐怖主义工作领导机构根据本法第三条的规定，认定恐怖活动组织和人员，由国家反恐怖主义工作领导机构的办事机构予以公告。

第十三条　国务院公安部门、国家安全部门、外交部门和省级反恐怖主义工作领导机构对于需要认定恐怖活动组织和人员的，应当向国家反恐怖主义工作领导机构提出申请。

第十四条　金融机构和特定非金融机构对国家反恐怖主义工作领导机构的办事机构公告的恐怖活动组织和人员的资金或者其他资产，应当立即予以冻结，并按照规定及时向国务院公安部门、国家安全部门和反洗钱行政主管部门报告。

第十五条　被认定的恐怖活动组织和人员对认定不服的，可以通过国家反恐怖主义工作领导机构的办事机构申请复核。国家反恐怖主义工作领导机构应当及时进行复核，作出维持或者撤销认定的决定。复核决定为最终决定。

国家反恐怖主义工作领导机构作出撤销认定的决定的，由国家反恐怖主义工作领导机构的办事机构予以公告；资金、资产已被冻结的，应当解除冻结。

第十六条 根据刑事诉讼法的规定，有管辖权的中级以上人民法院在审判刑事案件的过程中，可以依法认定恐怖活动组织和人员。对于在判决生效后需要由国家反恐怖主义工作领导机构的办事机构予以公告的，适用本章的有关规定。

## 第三章 安全防范

第十七条 各级人民政府和有关部门应当组织开展反恐怖主义宣传教育，提高公民的反恐怖主义意识。

教育、人力资源行政主管部门和学校、有关职业培训机构应当将恐怖活动预防、应急知识纳入教育、教学、培训的内容。

新闻、广播、电视、文化、宗教、互联网等有关单位，应当有针对性地面向社会进行反恐怖主义宣传教育。

村民委员会、居民委员会应当协助人民政府以及有关部门，加强反恐怖主义宣传教育。

第十八条 电信业务经营者、互联网服务提供者应当为公安机关、国家安全机关依法进行防范、调查恐怖活动提供技术接口和解密等技术支持和协助。

第十九条 电信业务经营者、互联网服务提供者应当依照法律、行政法规规定，落实网络安全、信息内容监督制度和安全技术防范措施，防止含有恐怖主义、极端主义内容的信息传播；发现含有恐怖主义、极端主义内容的信息的，应当立即停止传输，保存相关记录，删除相关信息，并向公安机关或者有关部门报告。

网信、电信、公安、国家安全等主管部门对含有恐怖主义、极端主义内容的信息，应当按照职责分工，及时责令有关单位停止传输、删除相关信息，或者关闭相关网站、关停相关服务。有关单位应当立即执行，并保存相关记录，协助进行调查。对互联网上跨境传输的含有恐怖主义、极端主义内容的信息，电信主管部门应当采取技术措施，阻断传播。

第二十条　铁路、公路、水上、航空的货运和邮政、快递等物流运营单位应当实行安全查验制度，对客户身份进行查验，依照规定对运输、寄递物品进行安全检查或者开封验视。对禁止运输、寄递，存在重大安全隐患，或者客户拒绝安全查验的物品，不得运输、寄递。

前款规定的物流运营单位，应当实行运输、寄递客户身份、物品信息登记制度。

第二十一条　电信、互联网、金融、住宿、长途客运、机动车租赁等业务经营者、服务提供者，应当对客户身份进行查验。对身份不明或者拒绝身份查验的，不得提供服务。

第二十二条　生产和进口单位应当依照规定对枪支等武器、弹药、管制器具、危险化学品、民用爆炸物品、核与放射物品作出电子追踪标识，对民用爆炸物品添加安检示踪标识物。

运输单位应当依照规定对运营中的危险化学品、民用爆炸物品、核与放射物品的运输工具通过定位系统实行监控。

有关单位应当依照规定对传染病病原体等物质实行严格的监督管理，严密防范传染病病原体等物质扩散或者流入非法渠道。

对管制器具、危险化学品、民用爆炸物品，国务院有关主管部门或者省级人民政府根据需要，在特定区域、特定时间，可以决定对生产、进出口、运输、销售、使用、报废实施管制，可以禁止使用现金、实物进行交易或者对交易活动作出其他限制。

第二十三条　发生枪支等武器、弹药、危险化学品、民用爆炸物品、核与放射物品、传染病病原体等物质被盗、被抢、丢失或者其他流失的情形，案发单位应当立即采取必要的控制措施，并立即向公安机关报告，同时依照规定向有关主管部门报告。公安机关接到报告后，应当及时开展调查。有关主管部门应当配合公安机关开展工作。

任何单位和个人不得非法制作、生产、储存、运输、进出口、销售、提供、购买、使用、持有、报废、销毁前款规定的物品。公安机关发现的，应当予以扣押；其他主管部门发现的，应当予以扣押，并立即通报公安机关；其他单位、个人发现的，应当立即向公安机关报告。

第二十四条　国务院反洗钱行政主管部门、国务院有关部门、机构依法对金融机构和特定非金融机构履行反恐怖主义融资义务的情况进行监督管理。

国务院反洗钱行政主管部门发现涉嫌恐怖主义融资的，可以依法进行调查，采取临时冻结措施。

第二十五条　审计、财政、税务等部门在依照法律、行政法规的规定对有关单位实施监督检查的过程中，发现资金流入流出涉嫌恐怖主义融资的，应当及时通报公安机关。

第二十六条　海关在对进出境人员携带现金和无记名有价证券实施监管的过程中，发现涉嫌恐怖主义融资的，应当立即通报国务院反洗钱行政主管部门和有管辖权的公安机关。

第二十七条　地方各级人民政府制定、组织实施城乡规划，应当符合反恐怖主义工作的需要。

地方各级人民政府应当根据需要，组织、督促有关建设单位在主要道路、交通枢纽、城市公共区域的重点部位，配备、安装公共安全视频图像信息系统等防范恐怖袭击的技防、物防设备、设施。

第二十八条　公安机关和有关部门对宣扬极端主义，利用极端主义危害公共安全、扰乱公共秩序、侵犯人身财产、妨害社会管理的，应当及时予以制止，依法追究法律责任。

公安机关发现极端主义活动的，应当责令立即停止，将有关人员强行带离现场并登记身份信息，对有关物品、资料予以收缴，对非法活动场所予以查封。

任何单位和个人发现宣扬极端主义的物品、资料、信息的，应当立即向公安机关报告。

第二十九条　对被教唆、胁迫、引诱参与恐怖活动、极端主义活动，或者参与恐怖活动、极端主义活动情节轻微，尚不构成犯罪的人员，公安机关应当组织有关部门、村民委员会、居民委员会、所在单位、就读学校、家庭和监护人对其进行帮教。

监狱、看守所、社区矫正机构应当加强对服刑的恐怖活动罪犯和极端主义罪犯的管理、教育、矫正等工作。监狱、看守所对恐怖活动罪犯和极端主义罪犯，根据教育改造和维护监管秩序的需要，可以与普通刑事罪犯混合关押，也可以个别关押。

**第三十条** 对恐怖活动罪犯和极端主义罪犯被判处徒刑以上刑罚的，监狱、看守所应当在刑满释放前根据其犯罪性质、情节和社会危害程度，服刑期间的表现，释放后对所居住社区的影响等进行社会危险性评估。进行社会危险性评估，应当听取有关基层组织和原办案机关的意见。经评估具有社会危险性的，监狱、看守所应当向罪犯服刑地的中级人民法院提出安置教育建议，并将建议书副本抄送同级人民检察院。

罪犯服刑地的中级人民法院对于确有社会危险性的，应当在罪犯刑满释放前作出责令其在刑满释放后接受安置教育的决定。决定书副本应当抄送同级人民检察院。被决定安置教育的人员对决定不服的，可以向上一级人民法院申请复议。

安置教育由省级人民政府组织实施。安置教育机构应当每年对被安置教育人员进行评估，对于确有悔改表现，不致再危害社会的，应当及时提出解除安置教育的意见，报决定安置教育的中级人民法院作出决定。被安置教育人员有权申请解除安置教育。

人民检察院对安置教育的决定和执行实行监督。

**第三十一条** 公安机关应当会同有关部门，将遭受恐怖袭击的可能性较大以及遭受恐怖袭击可能造成重大的人身伤亡、财产损失或者社会影响的单位、场所、活动、设施等确定为防范恐怖袭击的重点目标，报本级反恐怖主义工作领导机构备案。

**第三十二条** 重点目标的管理单位应当履行下列职责：

（一）制定防范和应对处置恐怖活动的预案、措施，定期进行培训和演练；

（二）建立反恐怖主义工作专项经费保障制度，配备、更新防范和处置设备、设施；

（三）指定相关机构或者落实责任人员，明确岗位职责；

（四）实行风险评估，实时监测安全威胁，完善内部安全管理；

（五）定期向公安机关和有关部门报告防范措施落实情况。

重点目标的管理单位应当根据城乡规划、相关标准和实际需要，对重点目标同步设计、同步建设、同步运行符合本法第二十七条规定的技防、物防设备、设施。

重点目标的管理单位应当建立公共安全视频图像信息系统值班监看、信息保存使用、运行维护等管理制度，保障相关系统正常运行。采集的视频图像信息保存期限不得少于九十日。

对重点目标以外的涉及公共安全的其他单位、场所、活动、设施，其主管部门和管理单位应当依照法律、行政法规规定，建立健全安全管理制度，落实安全责任。

第三十三条　重点目标的管理单位应当对重要岗位人员进行安全背景审查。对有不适合情形的人员，应当调整工作岗位，并将有关情况通报公安机关。

第三十四条　大型活动承办单位以及重点目标的管理单位应当依照规定，对进入大型活动场所、机场、火车站、码头、城市轨道交通站、公路长途客运站、口岸等重点目标的人员、物品和交通工具进行安全检查。发现违禁品和管制物品，应当予以扣留并立即向公安机关报告；发现涉嫌违法犯罪人员，应当立即向公安机关报告。

第三十五条　对航空器、列车、船舶、城市轨道车辆、公共电汽车等公共交通运输工具，营运单位应当依照规定配备安保人员和相应设备、设施，加强安全检查和保卫工作。

第三十六条　公安机关和有关部门应当掌握重点目标的基础信息和重要动态，指导、监督重点目标的管理单位履行防范恐怖袭击的各项职责。

公安机关、中国人民武装警察部队应当依照有关规定对重点目标进行警戒、巡逻、检查。

第三十七条　飞行管制、民用航空、公安等主管部门应当按照职责分工，加强空域、航空器和飞行活动管理，严密防范针对航空器或者利用飞行活动实施的恐怖活动。

第三十八条　各级人民政府和军事机关应当在重点国（边）境地段和

口岸设置拦阻隔离网、视频图像采集和防越境报警设施。

公安机关和中国人民解放军应当严密组织国（边）境巡逻，依照规定对抵离国（边）境前沿、进出国（边）境管理区和国（边）境通道、口岸的人员、交通运输工具、物品，以及沿海沿边地区的船舶进行查验。

第三十九条　出入境证件签发机关、出入境边防检查机关对恐怖活动人员和恐怖活动嫌疑人员，有权决定不准其出境入境、不予签发出入境证件或者宣布其出境入境证件作废。

第四十条　海关、出入境边防检查机关发现恐怖活动嫌疑人员或者涉嫌恐怖活动物品的，应当依法扣留，并立即移送公安机关或者国家安全机关。

检验检疫机关发现涉嫌恐怖活动物品的，应当依法扣留，并立即移送公安机关或者国家安全机关。

第四十一条　国务院外交、公安、国家安全、发展改革、工业和信息化、商务、旅游等主管部门应当建立境外投资合作、旅游等安全风险评估制度，对中国在境外的公民以及驻外机构、设施、财产加强安全保护，防范和应对恐怖袭击。

第四十二条　驻外机构应当建立健全安全防范制度和应对处置预案，加强对有关人员、设施、财产的安全保护。

## 第四章　情报信息

第四十三条　国家反恐怖主义工作领导机构建立国家反恐怖主义情报中心，实行跨部门、跨地区情报信息工作机制，统筹反恐怖主义情报信息工作。

有关部门应当加强反恐怖主义情报信息搜集工作，对搜集的有关线索、人员、行动类情报信息，应当依照规定及时统一归口报送国家反恐怖主义情报中心。

地方反恐怖主义工作领导机构应当建立跨部门情报信息工作机制，组织开展反恐怖主义情报信息工作，对重要的情报信息，应当及时向上级反恐怖主义工作领导机构报告，对涉及其他地方的紧急情报信息，应当及时通报相关地方。

**第四十四条** 公安机关、国家安全机关和有关部门应当依靠群众，加强基层基础工作，建立基层情报信息工作力量，提高反恐怖主义情报信息工作能力。

**第四十五条** 公安机关、国家安全机关、军事机关在其职责范围内，因反恐怖主义情报信息工作的需要，根据国家有关规定，经过严格的批准手续，可以采取技术侦察措施。

依照前款规定获取的材料，只能用于反恐怖主义应对处置和对恐怖活动犯罪、极端主义犯罪的侦查、起诉和审判，不得用于其他用途。

**第四十六条** 有关部门对于在本法第三章规定的安全防范工作中获取的信息，应当根据国家反恐怖主义情报中心的要求，及时提供。

**第四十七条** 国家反恐怖主义情报中心、地方反恐怖主义工作领导机构以及公安机关等有关部门应当对有关情报信息进行筛查、研判、核查、监控，认为有发生恐怖事件危险，需要采取相应的安全防范、应对处置措施的，应当及时通报有关部门和单位，并可以根据情况发出预警。有关部门和单位应当根据通报做好安全防范、应对处置工作。

**第四十八条** 反恐怖主义工作领导机构、有关部门和单位、个人应当对履行反恐怖主义工作职责、义务过程中知悉的国家秘密、商业秘密和个人隐私予以保密。

违反规定泄露国家秘密、商业秘密和个人隐私的，依法追究法律责任。

## 第五章 调 查

**第四十九条** 公安机关接到恐怖活动嫌疑的报告或者发现恐怖活动嫌疑，需要调查核实的，应当迅速进行调查。

**第五十条** 公安机关调查恐怖活动嫌疑，可以依照有关法律规定对嫌疑人员进行盘问、检查、传唤，可以提取或者采集肖像、指纹、虹膜图像等人体生物识别信息和血液、尿液、脱落细胞等生物样本，并留存其签名。

公安机关调查恐怖活动嫌疑，可以通知了解有关情况的人员到公安机关或者其他地点接受询问。

**第五十一条** 公安机关调查恐怖活动嫌疑，有权向有关单位和个人收集、调取相关信息和材料。有关单位和个人应当如实提供。

**第五十二条** 公安机关调查恐怖活动嫌疑，经县级以上公安机关负责人批准，可以查询嫌疑人员的存款、汇款、债券、股票、基金份额等财产，可以采取查封、扣押、冻结措施。查封、扣押、冻结的期限不得超过二个月，情况复杂的，可以经上一级公安机关负责人批准延长一个月。

**第五十三条** 公安机关调查恐怖活动嫌疑，经县级以上公安机关负责人批准，可以根据其危险程度，责令恐怖活动嫌疑人员遵守下列一项或者多项约束措施：

（一）未经公安机关批准不得离开所居住的市、县或者指定的处所；

（二）不得参加大型群众性活动或者从事特定的活动；

（三）未经公安机关批准不得乘坐公共交通工具或者进入特定的场所；

（四）不得与特定的人员会见或者通信；

（五）定期向公安机关报告活动情况；

（六）将护照等出入境证件、身份证件、驾驶证件交公安机关保存。

公安机关可以采取电子监控、不定期检查等方式对其遵守约束措施的情况进行监督。

采取前两款规定的约束措施的期限不得超过三个月。对不需要继续采取约束措施的，应当及时解除。

**第五十四条** 公安机关经调查，发现犯罪事实或者犯罪嫌疑人的，应当依照刑事诉讼法的规定立案侦查。本章规定的有关期限届满，公安机关未立案侦查的，应当解除有关措施。

## 第六章 应 对 处 置

**第五十五条** 国家建立健全恐怖事件应对处置预案体系。

国家反恐怖主义工作领导机构应当针对恐怖事件的规律、特点和可能造成的社会危害，分级、分类制定国家应对处置预案，具体规定恐怖事件应对处置的组织指挥体系和恐怖事件安全防范、应对处置程序以及事后社会秩序恢复等内容。

有关部门、地方反恐怖主义工作领导机构应当制定相应的应对处置预案。

**第五十六条** 应对处置恐怖事件，各级反恐怖主义工作领导机构应当成立由有关部门参加的指挥机构，实行指挥长负责制。反恐怖主义工作领导机构负责人可以担任指挥长，也可以确定公安机关负责人或者反恐怖主义工作领导机构的其他成员单位负责人担任指挥长。

跨省、自治区、直辖市发生的恐怖事件或者特别重大恐怖事件的应对处置，由国家反恐怖主义工作领导机构负责指挥；在省、自治区、直辖市范围内发生的涉及多个行政区域的恐怖事件或者重大恐怖事件的应对处置，由省级反恐怖主义工作领导机构负责指挥。

**第五十七条** 恐怖事件发生后，发生地反恐怖主义工作领导机构应当立即启动恐怖事件应对处置预案，确定指挥长。有关部门和中国人民解放军、中国人民武装警察部队、民兵组织，按照反恐怖主义工作领导机构和指挥长的统一领导、指挥，协同开展打击、控制、救援、救护等现场应对处置工作。

上级反恐怖主义工作领导机构可以对应对处置工作进行指导，必要时调动有关反恐怖主义力量进行支援。

需要进入紧急状态的，由全国人民代表大会常务委员会或者国务院依照宪法和其他有关法律规定的权限和程序决定。

**第五十八条** 发现恐怖事件或者疑似恐怖事件后，公安机关应当立即进行处置，并向反恐怖主义工作领导机构报告；中国人民解放军、中国人民武装警察部队发现正在实施恐怖活动的，应当立即予以控制并将案件及时移交公安机关。

反恐怖主义工作领导机构尚未确定指挥长的，由在场处置的公安机关职级最高的人员担任现场指挥员。公安机关未能到达现场的，由在场处置的中国人民解放军或者中国人民武装警察部队职级最高的人员担任现场指挥员。现场应对处置人员无论是否属于同一单位、系统，均应当服从现场指挥员的指挥。

指挥长确定后，现场指挥员应当向其请示、报告工作或者有关情况。

**第五十九条** 中华人民共和国在境外的机构、人员、重要设施遭受或者可能遭受恐怖袭击的，国务院外交、公安、国家安全、商务、金融、国有资产监督管理、旅游、交通运输等主管部门应当及时启动应对处置预案。国务院外交部门应当协调有关国家采取相应措施。

中华人民共和国在境外的机构、人员、重要设施遭受严重恐怖袭击后，经与有关国家协商同意，国家反恐怖主义工作领导机构可以组织外交、公安、国家安全等部门派出工作人员赴境外开展应对处置工作。

**第六十条** 应对处置恐怖事件，应当优先保护直接受到恐怖活动危害、威胁人员的人身安全。

**第六十一条** 恐怖事件发生后，负责应对处置的反恐怖主义工作领导机构可以决定由有关部门和单位采取下列一项或者多项应对处置措施：

（一）组织营救和救治受害人员，疏散、撤离并妥善安置受到威胁的人员以及采取其他救助措施；

（二）封锁现场和周边道路，查验现场人员的身份证件，在有关场所附近设置临时警戒线；

（三）在特定区域内实施空域、海（水）域管制，对特定区域内的交通运输工具进行检查；

（四）在特定区域内实施互联网、无线电、通讯管制；

（五）在特定区域内或者针对特定人员实施出境入境管制；

（六）禁止或者限制使用有关设备、设施，关闭或者限制使用有关场所，中止人员密集的活动或者可能导致危害扩大的生产经营活动；

（七）抢修被损坏的交通、电信、互联网、广播电视、供水、排水、供电、供气、供热等公共设施；

（八）组织志愿人员参加反恐怖主义救援工作，要求具有特定专长的人员提供服务；

（九）其他必要的应对处置措施。

采取前款第三项至第五项规定的应对处置措施，由省级以上反恐怖主义工作领导机构决定或者批准；采取前款第六项规定的应对处置措施，由设区的市级以上反恐怖主义工作领导机构决定。应对处置措施应当明确适用的时间和空间范围，并向社会公布。

第六十二条　人民警察、人民武装警察以及其他依法配备、携带武器的应对处置人员，对在现场持枪支、刀具等凶器或者使用其他危险方法，正在或者准备实施暴力行为的人员，经警告无效的，可以使用武器；紧急情况下或者警告后可能导致更为严重危害后果的，可以直接使用武器。

第六十三条　恐怖事件发生、发展和应对处置信息，由恐怖事件发生地的省级反恐怖主义工作领导机构统一发布；跨省、自治区、直辖市发生的恐怖事件，由指定的省级反恐怖主义工作领导机构统一发布。

任何单位和个人不得编造、传播虚假恐怖事件信息；不得报道、传播可能引起模仿的恐怖活动的实施细节；不得发布恐怖事件中残忍、不人道的场景；在恐怖事件的应对处置过程中，除新闻媒体经负责发布信息的反恐怖主义工作领导机构批准外，不得报道、传播现场应对处置的工作人员、人质身份信息和应对处置行动情况。

第六十四条　恐怖事件应对处置结束后，各级人民政府应当组织有关部门帮助受影响的单位和个人尽快恢复生活、生产，稳定受影响地区的社会秩序和公众情绪。

第六十五条　当地人民政府应当及时给予恐怖事件受害人员及其近亲属适当的救助，并向失去基本生活条件的受害人员及其近亲属及时提供基本生活保障。卫生、民政等主管部门应当为恐怖事件受害人员及其近亲属提供心理、医疗等方面的援助。

第六十六条　公安机关应当及时对恐怖事件立案侦查，查明事件发生的原因、经过和结果，依法追究恐怖活动组织、人员的刑事责任。

第六十七条　反恐怖主义工作领导机构应当对恐怖事件的发生和应对处置工作进行全面分析、总结评估，提出防范和应对处置改进措施，向上一级反恐怖主义工作领导机构报告。

## 第七章 国际合作

**第六十八条** 中华人民共和国根据缔结或者参加的国际条约，或者按照平等互惠原则，与其他国家、地区、国际组织开展反恐怖主义合作。

**第六十九条** 国务院有关部门根据国务院授权，代表中国政府与外国政府和有关国际组织开展反恐怖主义政策对话、情报信息交流、执法合作和国际资金监管合作。

在不违背我国法律的前提下，边境地区的县级以上地方人民政府及其主管部门，经国务院或者中央有关部门批准，可以与相邻国家或者地区开展反恐怖主义情报信息交流、执法合作和国际资金监管合作。

**第七十条** 涉及恐怖活动犯罪的刑事司法协助、引渡和被判刑人移管，依照有关法律规定执行。

**第七十一条** 经与有关国家达成协议，并报国务院批准，国务院公安部门、国家安全部门可以派员出境执行反恐怖主义任务。

中国人民解放军、中国人民武装警察部队派员出境执行反恐怖主义任务，由中央军事委员会批准。

**第七十二条** 通过反恐怖主义国际合作取得的材料可以在行政处罚、刑事诉讼中作为证据使用，但我方承诺不作为证据使用的除外。

## 第八章 保障措施

**第七十三条** 国务院和县级以上地方各级人民政府应当按照事权划分，将反恐怖主义工作经费分别列入同级财政预算。

国家对反恐怖主义重点地区给予必要的经费支持，对应对处置大规模恐怖事件给予经费保障。

**第七十四条** 公安机关、国家安全机关和有关部门，以及中国人民解放军、中国人民武装警察部队，应当依照法律规定的职责，建立反恐怖主义专业力量，加强专业训练，配备必要的反恐怖主义专业设备、设施。

县级、乡级人民政府根据需要，指导有关单位、村民委员会、居民委员会建立反恐怖主义工作力量、志愿者队伍，协助、配合有关部门开展反恐怖主义工作。

第七十五条　对因履行反恐怖主义工作职责或者协助、配合有关部门开展反恐怖主义工作导致伤残或者死亡的人员，按照国家有关规定给予相应的待遇。

第七十六条　因报告和制止恐怖活动，在恐怖活动犯罪案件中作证，或者从事反恐怖主义工作，本人或者其近亲属的人身安全面临危险的，经本人或者其近亲属提出申请，公安机关、有关部门应当采取下列一项或者多项保护措施：

（一）不公开真实姓名、住址和工作单位等个人信息；
（二）禁止特定的人接触被保护人员；
（三）对人身和住宅采取专门性保护措施；
（四）变更被保护人员的姓名，重新安排住所和工作单位；
（五）其他必要的保护措施。

公安机关、有关部门应当依照前款规定，采取不公开被保护单位的真实名称、地址，禁止特定的人接近被保护单位，对被保护单位办公、经营场所采取专门性保护措施，以及其他必要的保护措施。

第七十七条　国家鼓励、支持反恐怖主义科学研究和技术创新，开发和推广使用先进的反恐怖主义技术、设备。

第七十八条　公安机关、国家安全机关、中国人民解放军、中国人民武装警察部队因履行反恐怖主义职责的紧急需要，根据国家有关规定，可以征用单位和个人的财产。任务完成后应当及时归还或者恢复原状，并依照规定支付相应费用；造成损失的，应当补偿。

因开展反恐怖主义工作对有关单位和个人的合法权益造成损害的，应当依法给予赔偿、补偿。有关单位和个人有权依法请求赔偿、补偿。

## 第九章　法律责任

第七十九条　组织、策划、准备实施、实施恐怖活动，宣扬恐怖主义、煽动实施恐怖活动，非法持有宣扬恐怖主义的物品，强制他人在公共场所穿戴宣扬恐怖主义的服饰、标志，组织、领导、参加恐怖活动组织，为恐怖活动组织、恐怖活动人员、实施恐怖活动或者恐怖活动培训提供帮助的，依法追究刑事责任。

第八十条　参与下列活动之一，情节轻微，尚不构成犯罪的，由公安机关处十日以上十五日以下拘留，可以并处一万元以下罚款：

（一）宣扬恐怖主义、极端主义或者煽动实施恐怖活动、极端主义活动的；

（二）制作、传播、非法持有宣扬恐怖主义、极端主义的物品的；

（三）强制他人在公共场所穿戴宣扬恐怖主义、极端主义的服饰、标志的；

（四）为宣扬恐怖主义、极端主义或者实施恐怖主义、极端主义活动提供信息、资金、物资、劳务、技术、场所等支持、协助、便利的。

第八十一条　利用极端主义，实施下列行为之一，情节轻微，尚不构成犯罪的，由公安机关处五日以上十五日以下拘留，可以并处一万元以下罚款：

（一）强迫他人参加宗教活动，或者强迫他人向宗教活动场所、宗教教职人员提供财物或者劳务的；

（二）以恐吓、骚扰等方式驱赶其他民族或者有其他信仰的人员离开居住地的；

（三）以恐吓、骚扰等方式干涉他人与其他民族或者有其他信仰的人员交往、共同生活的；

（四）以恐吓、骚扰等方式干涉他人生活习俗、方式和生产经营的；

（五）阻碍国家机关工作人员依法执行职务的；

（六）歪曲、诋毁国家政策、法律、行政法规，煽动、教唆抵制人民政府依法管理的；

（七）煽动、胁迫群众损毁或者故意损毁居民身份证、户口簿等国家法定证件以及人民币的；

（八）煽动、胁迫他人以宗教仪式取代结婚、离婚登记的；

（九）煽动、胁迫未成年人不接受义务教育的；

（十）其他利用极端主义破坏国家法律制度实施的。

**第八十二条** 明知他人有恐怖活动犯罪、极端主义犯罪行为，窝藏、包庇，情节轻微，尚不构成犯罪的，或者在司法机关向其调查有关情况、收集有关证据时，拒绝提供的，由公安机关处十日以上十五日以下拘留，可以并处一万元以下罚款。

**第八十三条** 金融机构和特定非金融机构对国家反恐怖主义工作领导机构的办事机构公告的恐怖活动组织及恐怖活动人员的资金或者其他资产，未立即予以冻结的，由公安机关处二十万元以上五十万元以下罚款，并对直接负责的董事、高级管理人员和其他直接责任人员处十万元以下罚款；情节严重的，处五十万元以上罚款，并对直接负责的董事、高级管理人员和其他直接责任人员，处十万元以上五十万元以下罚款，可以并处五日以上十五日以下拘留。

**第八十四条** 电信业务经营者、互联网服务提供者有下列情形之一的，由主管部门处二十万元以上五十万元以下罚款，并对其直接负责的主管人员和其他直接责任人员处十万元以下罚款；情节严重的，处五十万元以上罚款，并对其直接负责的主管人员和其他直接责任人员，处十万元以上五十万元以下罚款，可以由公安机关对其直接负责的主管人员和其他直接责任人员，处五日以上十五日以下拘留：

（一）未依照规定为公安机关、国家安全机关依法进行防范、调查恐怖活动提供技术接口和解密等技术支持和协助的；

（二）未按照主管部门的要求，停止传输、删除含有恐怖主义、极端主义内容的信息，保存相关记录，关闭相关网站或者关停相关服务的；

（三）未落实网络安全、信息内容监督制度和安全技术防范措施，造成含有恐怖主义、极端主义内容的信息传播，情节严重的。

**第八十五条** 铁路、公路、水上、航空的货运和邮政、快递等物流运营单位有下列情形之一的，由主管部门处十万元以上五十万元以下罚款，并对其直接负责的主管人员和其他直接责任人员处十万元以下罚款：

（一）未实行安全查验制度，对客户身份进行查验，或者未依照规定对运输、寄递物品进行安全检查或者开封验视的；

（二）对禁止运输、寄递，存在重大安全隐患，或者客户拒绝安全查验的物品予以运输、寄递的；

（三）未实行运输、寄递客户身份、物品信息登记制度的。

**第八十六条** 电信、互联网、金融业务经营者、服务提供者未按规定对客户身份进行查验，或者对身份不明、拒绝身份查验的客户提供服务的，主管部门应当责令改正；拒不改正的，处二十万元以上五十万元以下罚款，并对其直接负责的主管人员和其他直接责任人员处十万元以下罚款；情节严重的，处五十万元以上罚款，并对其直接负责的主管人员和其他直接责任人员，处十万元以上五十万元以下罚款。

住宿、长途客运、机动车租赁等业务经营者、服务提供者有前款规定情形的，由主管部门处十万元以上五十万元以下罚款，并对其直接负责的主管人员和其他直接责任人员处十万元以下罚款。

**第八十七条** 违反本法规定，有下列情形之一的，由主管部门给予警告，并责令改正；拒不改正的，处十万元以下罚款，并对其直接负责的主管人员和其他直接责任人员处一万元以下罚款：

（一）未依照规定对枪支等武器、弹药、管制器具、危险化学品、民用爆炸物品、核与放射物品作出电子追踪标识，对民用爆炸物品添加安检示踪标识物的；

（二）未依照规定对运营中的危险化学品、民用爆炸物品、核与放射物品的运输工具通过定位系统实行监控的；

（三）未依照规定对传染病病原体等物质实行严格的监督管理，情节严重的；

（四）违反国务院有关主管部门或者省级人民政府对管制器具、危险化学品、民用爆炸物品决定的管制或者限制交易措施的。

**第八十八条** 防范恐怖袭击重点目标的管理、营运单位违反本法规定，有下列情形之一的，由公安机关给予警告，并责令改正；拒不改正的，处十万元以下罚款，并对其直接负责的主管人员和其他直接责任人员处一万元以下罚款：

（一）未制定防范和应对处置恐怖活动的预案、措施的；

（二）未建立反恐怖主义工作专项经费保障制度，或者未配备防范和处置设备、设施的；

（三）未落实工作机构或者责任人员的；

（四）未对重要岗位人员进行安全背景审查，或者未将有不适合情形的人员调整工作岗位的；

（五）对公共交通运输工具未依照规定配备安保人员和相应设备、设施的；

（六）未建立公共安全视频图像信息系统值班监看、信息保存使用、运行维护等管理制度的。

大型活动承办单位以及重点目标的管理单位未依照规定对进入大型活动场所、机场、火车站、码头、城市轨道交通站、公路长途客运站、口岸等重点目标的人员、物品和交通工具进行安全检查的，公安机关应当责令改正；拒不改正的，处十万元以下罚款，并对其直接负责的主管人员和其他直接责任人员处一万元以下罚款。

第八十九条　恐怖活动嫌疑人员违反公安机关责令其遵守的约束措施的，由公安机关给予警告，并责令改正；拒不改正的，处五日以上十五日以下拘留。

第九十条　新闻媒体等单位编造、传播虚假恐怖事件信息，报道、传播可能引起模仿的恐怖活动的实施细节，发布恐怖事件中残忍、不人道的场景，或者未经批准，报道、传播现场应对处置的工作人员、人质身份信息和应对处置行动情况的，由公安机关处二十万元以下罚款，并对其直接负责的主管人员和其他直接责任人员，处五日以上十五日以下拘留，可以并处五万元以下罚款。

个人有前款规定行为的，由公安机关处五日以上十五日以下拘留，可以并处一万元以下罚款。

第九十一条　拒不配合有关部门开展反恐怖主义安全防范、情报信息、调查、应对处置工作的，由主管部门处二千元以下罚款；造成严重后果的，处五日以上十五日以下拘留，可以并处一万元以下罚款。

单位有前款规定行为的，由主管部门处五万元以下罚款；造成严重后果的,处十万元以下罚款;并对其直接负责的主管人员和其他直接责任人员依照前款规定处罚。

**第九十二条** 阻碍有关部门开展反恐怖主义工作的,由公安机关处五日以上十五日以下拘留,可以并处五万元以下罚款。

单位有前款规定行为的,由公安机关处二十万元以下罚款,并对其直接负责的主管人员和其他直接责任人员依照前款规定处罚。

阻碍人民警察、人民解放军、人民武装警察依法执行职务的,从重处罚。

**第九十三条** 单位违反本法规定,情节严重的,由主管部门责令停止从事相关业务、提供相关服务或者责令停产停业;造成严重后果的,吊销有关证照或者撤销登记。

**第九十四条** 反恐怖主义工作领导机构、有关部门的工作人员在反恐怖主义工作中滥用职权、玩忽职守、徇私舞弊,或者有违反规定泄露国家秘密、商业秘密和个人隐私等行为,构成犯罪的,依法追究刑事责任;尚不构成犯罪的,依法给予处分。

反恐怖主义工作领导机构、有关部门及其工作人员在反恐怖主义工作中滥用职权、玩忽职守、徇私舞弊或者有其他违法违纪行为的,任何单位和个人有权向有关部门检举、控告。有关部门接到检举、控告后,应当及时处理并回复检举、控告人。

**第九十五条** 对依照本法规定查封、扣押、冻结、扣留、收缴的物品、资金等,经审查发现与恐怖主义无关的,应当及时解除有关措施,予以退还。

**第九十六条** 有关单位和个人对依照本法作出的行政处罚和行政强制措施决定不服的,可以依法申请行政复议或者提起行政诉讼。

## 第十章 附 则

**第九十七条** 本法自2016年1月1日起施行。2011年10月29日第十一届全国人民代表大会常务委员会第二十三次会议通过的《全国人民代表大会常务委员会关于加强反恐怖工作有关问题的决定》同时废止。

# 基础设施和公用事业特许经营管理办法

（2015年4月25日　国家发展改革委　财政部　住房和城乡建设部　交通运输部　水利部　人民银行令　第25号）

《基础设施和公用事业特许经营管理办法》业经国务院同意，现予以发布，自2015年6月1日起施行。

## 第一章　总　　则

**第一条**　为鼓励和引导社会资本参与基础设施和公用事业建设运营，提高公共服务质量和效率，保护特许经营者合法权益，保障社会公共利益和公共安全，促进经济社会持续健康发展，制定本办法。

**第二条**　中华人民共和国境内的能源、交通运输、水利、环境保护、市政工程等基础设施和公用事业领域的特许经营活动，适用本办法。

**第三条**　本办法所称基础设施和公用事业特许经营，是指政府采用竞争方式依法授权中华人民共和国境内外的法人或者其他组织，通过协议明确权利义务和风险分担，约定其在一定期限和范围内投资建设运营基础设施和公用事业并获得收益，提供公共产品或者公共服务。

**第四条**　基础设施和公用事业特许经营应当坚持公开、公平、公正，保护各方信赖利益，并遵循以下原则：

（一）发挥社会资本融资、专业、技术和管理优势，提高公共服务质量效率；

（二）转变政府职能，强化政府与社会资本协商合作；

（三）保护社会资本合法权益，保证特许经营持续性和稳定性；

（四）兼顾经营性和公益性平衡，维护公共利益。

**第五条**　基础设施和公用事业特许经营可以采取以下方式：

（一）在一定期限内，政府授予特许经营者投资新建或改扩建、运营

基础设施和公用事业,期限届满移交政府;

(二)在一定期限内,政府授予特许经营者投资新建或改扩建、拥有并运营基础设施和公用事业,期限届满移交政府;

(三)特许经营者投资新建或改扩建基础设施和公用事业并移交政府后,由政府授予其在一定期限内运营;

(四)国家规定的其他方式。

**第六条** 基础设施和公用事业特许经营期限应当根据行业特点、所提供公共产品或服务需求、项目生命周期、投资回收期等综合因素确定,最长不超过30年。

对于投资规模大、回报周期长的基础设施和公用事业特许经营项目(以下简称特许经营项目)可以由政府或者其授权部门与特许经营者根据项目实际情况,约定超过前款规定的特许经营期限。

**第七条** 国务院发展改革、财政、国土、环保、住房城乡建设、交通运输、水利、能源、金融、安全监管等有关部门按照各自职责,负责相关领域基础设施和公用事业特许经营规章、政策制定和监督管理工作。

县级以上地方人民政府发展改革、财政、国土、环保、住房城乡建设、交通运输、水利、价格、能源、金融监管等有关部门根据职责分工,负责有关特许经营项目实施和监督管理工作。

**第八条** 县级以上地方人民政府应当建立各有关部门参加的基础设施和公用事业特许经营部门协调机制,负责统筹有关政策措施,并组织协调特许经营项目实施和监督管理工作。

## 第二章 特许经营协议订立

**第九条** 县级以上人民政府有关行业主管部门或政府授权部门(以下简称项目提出部门)可以根据经济社会发展需求,以及有关法人和其他组织提出的特许经营项目建议等,提出特许经营项目实施方案。

特许经营项目应当符合国民经济和社会发展总体规划、主体功能区规划、区域规划、环境保护规划和安全生产规划等专项规划、土地利用规划、城乡规划、中期财政规划等，并且建设运营标准和监管要求明确。

项目提出部门应当保证特许经营项目的完整性和连续性。

第十条 特许经营项目实施方案应当包括以下内容：

（一）项目名称；

（二）项目实施机构；

（三）项目建设规模、投资总额、实施进度，以及提供公共产品或公共服务的标准等基本经济技术指标；

（四）投资回报、价格及其测算；

（五）可行性分析，即降低全生命周期成本和提高公共服务质量效率的分析估算等；

（六）特许经营协议框架草案及特许经营期限；

（七）特许经营者应当具备的条件及选择方式；

（八）政府承诺和保障；

（九）特许经营期限届满后资产处置方式；

（十）应当明确的其他事项。

第十一条 项目提出部门可以委托具有相应能力和经验的第三方机构，开展特许经营可行性评估，完善特许经营项目实施方案。

需要政府提供可行性缺口补助或者开展物有所值评估的，由财政部门负责开展相关工作。具体办法由国务院财政部门另行制定。

第十二条 特许经营可行性评估应当主要包括以下内容：

（一）特许经营项目全生命周期成本、技术路线和工程方案的合理性，可能的融资方式、融资规模、资金成本，所提供公共服务的质量效率，建设运营标准和监管要求等；

（二）相关领域市场发育程度，市场主体建设运营能力状况和参与意愿；

（三）用户付费项目公众支付意愿和能力评估。

第十三条 项目提出部门依托本级人民政府根据本办法第八条规定建立的部门协调机制，会同发展改革、财政、城乡规划、国土、环保、水利等有关部门对特许经营项目实施方案进行审查。经审查认为实施方案可行的，各部门应当根据职责分别出具书面审查意见。

项目提出部门综合各部门书面审查意见，报本级人民政府或其授权部门审定特许经营项目实施方案。

**第十四条** 县级以上人民政府应当授权有关部门或单位作为实施机构负责特许经营项目有关实施工作，并明确具体授权范围。

**第十五条** 实施机构根据经审定的特许经营项目实施方案，应当通过招标、竞争性谈判等竞争方式选择特许经营者。

特许经营项目建设运营标准和监管要求明确、有关领域市场竞争比较充分的，应当通过招标方式选择特许经营者。

**第十六条** 实施机构应当在招标或谈判文件中载明是否要求成立特许经营项目公司。

**第十七条** 实施机构应当公平择优选择具有相应管理经验、专业能力、融资实力以及信用状况良好的法人或者其他组织作为特许经营者。鼓励金融机构与参与竞争的法人或其他组织共同制定投融资方案。

特许经营者选择应当符合内外资准入等有关法律、行政法规规定。

依法选定的特许经营者，应当向社会公示。

**第十八条** 实施机构应当与依法选定的特许经营者签订特许经营协议。

需要成立项目公司的，实施机构应当与依法选定的投资人签订初步协议，约定其在规定期限内注册成立项目公司，并与项目公司签订特许经营协议。

特许经营协议应当主要包括以下内容：

（一）项目名称、内容；

（二）特许经营方式、区域、范围和期限；

（三）项目公司的经营范围、注册资本、股东出资方式、出资比例、股权转让等；

（四）所提供产品或者服务的数量、质量和标准；

（五）设施权属，以及相应的维护和更新改造；

（六）监测评估；

（七）投融资期限和方式；

（八）收益取得方式，价格和收费标准的确定方法以及调整程序；

（九）履约担保；

（十）特许经营期内的风险分担；

（十一）政府承诺和保障；

（十二）应急预案和临时接管预案；

（十三）特许经营期限届满后，项目及资产移交方式、程序和要求等；

（十四）变更、提前终止及补偿；

（十五）违约责任；

（十六）争议解决方式；

（十七）需要明确的其他事项。

**第十九条** 特许经营协议根据有关法律、行政法规和国家规定，可以约定特许经营者通过向用户收费等方式取得收益。

向用户收费不足以覆盖特许经营建设、运营成本及合理收益的，可由政府提供可行性缺口补助，包括政府授予特许经营项目相关的其他开发经营权益。

**第二十条** 特许经营协议应当明确价格或收费的确定和调整机制。特许经营项目价格或收费应当依据相关法律、行政法规规定和特许经营协议约定予以确定和调整。

**第二十一条** 政府可以在特许经营协议中就防止不必要的同类竞争性项目建设、必要合理的财政补贴、有关配套公共服务和基础设施的提供等内容作出承诺，但不得承诺固定投资回报和其他法律、行政法规禁止的事项。

**第二十二条** 特许经营者根据特许经营协议，需要依法办理规划选址、用地和项目核准或审批等手续的，有关部门在进行审核时，应当简化审核内容，优化办理流程，缩短办理时限，对于本部门根据本办法第十三条出具书面审查意见已经明确的事项，不再作重复审查。

实施机构应当协助特许经营者办理相关手续。

**第二十三条** 国家鼓励金融机构为特许经营项目提供财务顾问、融资顾问、银团贷款等金融服务。政策性、开发性金融机构可以给予特许经营项目差异化信贷支持，对符合条件的项目，贷款期限最长可达30年。探索利用特许经营项目预期收益质押贷款，支持利用相关收益作为还款来源。

第二十四条　国家鼓励通过设立产业基金等形式入股提供特许经营项目资本金。鼓励特许经营项目公司进行结构化融资，发行项目收益票据和资产支持票据等。国家鼓励特许经营项目采用成立私募基金，引入战略投资者，发行企业债券、项目收益债券、公司债券、非金融企业债务融资工具等方式拓宽投融资渠道。

第二十五条　县级以上人民政府有关部门可以探索与金融机构设立基础设施和公用事业特许经营引导基金，并通过投资补助、财政补贴、贷款贴息等方式，支持有关特许经营项目建设运营。

## 第三章　特许经营协议履行

第二十六条　特许经营协议各方当事人应当遵循诚实信用原则，按照约定全面履行义务。

除法律、行政法规另有规定外，实施机构和特许经营者任何一方不履行特许经营协议约定义务或者履行义务不符合约定要求的，应当根据协议继续履行、采取补救措施或者赔偿损失。

第二十七条　依法保护特许经营者合法权益。任何单位或者个人不得违反法律、行政法规和本办法规定，干涉特许经营者合法经营活动。

第二十八条　特许经营者应当根据特许经营协议，执行有关特许经营项目投融资安排，确保相应资金或资金来源落实。

第二十九条　特许经营项目涉及新建或改扩建有关基础设施和公用事业的，应当符合城乡规划、土地管理、环境保护、质量管理、安全生产等有关法律、行政法规规定的建设条件和建设标准。

第三十条　特许经营者应当根据有关法律、行政法规、标准规范和特许经营协议，提供优质、持续、高效、安全的公共产品或者公共服务。

第三十一条 特许经营者应当按照技术规范，定期对特许经营项目设施进行检修和保养，保证设施运转正常及经营期限届满后资产按规定进行移交。

第三十二条 特许经营者对涉及国家安全的事项负有保密义务，并应当建立和落实相应保密管理制度。

实施机构、有关部门及其工作人员对在特许经营活动和监督管理工作中知悉的特许经营者商业秘密负有保密义务。

第三十三条 实施机构和特许经营者应当对特许经营项目建设、运营、维修、保养过程中有关资料，按照有关规定进行归档保存。

第三十四条 实施机构应当按照特许经营协议严格履行有关义务，为特许经营者建设运营特许经营项目提供便利和支持，提高公共服务水平。

行政区划调整，政府换届、部门调整和负责人变更，不得影响特许经营协议履行。

第三十五条 需要政府提供可行性缺口补助的特许经营项目，应当严格按照预算法规定，综合考虑政府财政承受能力和债务风险状况，合理确定财政付费总额和分年度数额，并与政府年度预算和中期财政规划相衔接，确保资金拨付需要。

第三十六条 因法律、行政法规修改，或者政策调整损害特许经营者预期利益，或者根据公共利益需要，要求特许经营者提供协议约定以外的产品或服务的，应当给予特许经营者相应补偿。

## 第四章 特许经营协议变更和终止

第三十七条 在特许经营协议有效期内，协议内容确需变更的，协议当事人应当在协商一致基础上签订补充协议。如协议可能对特许经营项目的存续债务产生重大影响的，应当事先征求债权人同意。特许经营项目涉及直接融资行为的，应当及时做好相关信息披露。

特许经营期限届满后确有必要延长的，按照有关规定经充分评估论证，协商一致并报批准后，可以延长。

第三十八条　在特许经营期限内，因特许经营协议一方严重违约或不可抗力等原因，导致特许经营者无法继续履行协议约定义务，或者出现特许经营协议约定的提前终止协议情形的，在与债权人协商一致后，可以提前终止协议。

特许经营协议提前终止的，政府应当收回特许经营项目，并根据实际情况和协议约定给予原特许经营者相应补偿。

第三十九条　特许经营期限届满终止或提前终止的，协议当事人应当按照特许经营协议约定，以及有关法律、行政法规和规定办理有关设施、资料、档案等的性能测试、评估、移交、接管、验收等手续。

第四十条　特许经营期限届满终止或者提前终止，对该基础设施和公用事业继续采用特许经营方式的，实施机构应当根据本办法规定重新选择特许经营者。

因特许经营期限届满重新选择特许经营者的，在同等条件下，原特许经营者优先获得特许经营。

新的特许经营者选定之前，实施机构和原特许经营者应当制定预案，保障公共产品或公共服务的持续稳定提供。

## 第五章　监督管理和公共利益保障

第四十一条　县级以上人民政府有关部门应当根据各自职责，对特许经营者执行法律、行政法规、行业标准、产品或服务技术规范，以及其他有关监管要求进行监督管理，并依法加强成本监督审查。

县级以上审计机关应当依法对特许经营活动进行审计。

第四十二条　县级以上人民政府及其有关部门应当根据法律、行政法规和国务院决定保留的行政审批项目对特许经营进行监督管理，不得以实施特许经营为名违法增设行政审批项目或审批环节。

第四十三条　实施机构应当根据特许经营协议，定期对特许经营项目建设运营情况进行监测分析，会同有关部门进行绩效评价，并建立根据绩效评价结果、按照特许经营协议约定对价格或财政补贴进行调整的机制，保障所提供公共产品或公共服务的质量和效率。

实施机构应当将社会公众意见作为监测分析和绩效评价的重要内容。

**第四十四条** 社会公众有权对特许经营活动进行监督，向有关监管部门投诉，或者向实施机构和特许经营者提出意见建议。

**第四十五条** 县级以上人民政府应当将特许经营有关政策措施、特许经营部门协调机制组成以及职责等信息向社会公开。

实施机构和特许经营者应当将特许经营项目实施方案、特许经营者选择、特许经营协议及其变更或终止、项目建设运营、所提供公共服务标准、监测分析和绩效评价、经过审计的上年度财务报表等有关信息按规定向社会公开。

特许经营者应当公开有关会计数据、财务核算和其他有关财务指标，并依法接受年度财务审计。

**第四十六条** 特许经营者应当对特许经营协议约定服务区域内所有用户普遍地、无歧视地提供公共产品或公共服务，不得对新增用户实行差别待遇。

**第四十七条** 实施机构和特许经营者应当制定突发事件应急预案，按规定报有关部门。突发事件发生后，及时启动应急预案，保障公共产品或公共服务的正常提供。

**第四十八条** 特许经营者因不可抗力等原因确实无法继续履行特许经营协议的，实施机构应当采取措施，保证持续稳定提供公共产品或公共服务。

## 第六章 争议解决

**第四十九条** 实施机构和特许经营者就特许经营协议履行发生争议的，应当协商解决。协商达成一致的，应当签订补充协议并遵照执行。

**第五十条** 实施机构和特许经营者就特许经营协议中的专业技术问题发生争议的，可以共同聘请专家或第三方机构进行调解。调解达成一致的，应当签订补充协议并遵照执行。

**第五十一条** 特许经营者认为行政机关作出的具体行政行为侵犯其合法权益的，有陈述、申辩的权利，并可以依法提起行政复议或者行政诉讼。

第五十二条 特许经营协议存续期间发生争议，当事各方在争议解决过程中，应当继续履行特许经营协议义务，保证公共产品或公共服务的持续性和稳定性。

## 第七章 法律责任

第五十三条 特许经营者违反法律、行政法规和国家强制性标准，严重危害公共利益，或者造成重大质量、安全事故或者突发环境事件的，有关部门应当责令限期改正并依法予以行政处罚；拒不改正、情节严重的，可以终止特许经营协议；构成犯罪的，依法追究刑事责任。

第五十四条 以欺骗、贿赂等不正当手段取得特许经营项目的，应当依法收回特许经营项目，向社会公开。

第五十五条 实施机构、有关行政主管部门及其工作人员不履行法定职责、干预特许经营者正常经营活动、徇私舞弊、滥用职权、玩忽职守的，依法给予行政处分；构成犯罪的，依法追究刑事责任。

第五十六条 县级以上人民政府有关部门应当对特许经营者及其从业人员的不良行为建立信用记录，纳入全国统一的信用信息共享交换平台。对严重违法失信行为依法予以曝光，并会同有关部门实施联合惩戒。

## 第八章 附 则

第五十七条 基础设施和公用事业特许经营涉及国家安全审查的，按照国家有关规定执行。

第五十八条 法律、行政法规对基础设施和公用事业特许经营另有规定的，从其规定。

本办法实施之前依法已经订立特许经营协议的，按照协议约定执行。

第五十九条 本办法由国务院发展改革部门会同有关部门负责解释。

第六十条 本办法自 2015 年 6 月 1 日起施行。

# 城市公共汽车和电车客运管理规定

(2017年3月7日　交通运输部令　第5号)

《城市公共汽车和电车客运管理规定》已于2017年3月1日经第3次部务会议通过,自2017年5月1日起施行。

## 第一章　总　　则

**第一条**　为规范城市公共汽车和电车客运活动,保障运营安全,提高服务质量,促进城市公共汽车和电车客运事业健康有序发展,依据《国务院关于城市优先发展公共交通的指导意见》(国发〔2012〕64号),制定本规定。

**第二条**　从事城市公共汽车和电车(以下简称城市公共汽电车)客运的服务提供、运营管理、设施设备维护、安全保障等活动,应当遵守本规定。

本规定所称城市公共汽电车客运,是指在城市人民政府确定的区域内,运用符合国家有关标准和规定的公共汽电车车辆和城市公共汽电车客运服务设施,按照核准的线路、站点、时间和票价运营,为社会公众提供基本出行服务的活动。

本规定所称城市公共汽电车客运服务设施,是指保障城市公共汽电车客运服务的停车场、保养场、站务用房、候车亭、站台、站牌以及加油(气)站、电车触线网、整流站和电动公交车充电设施等相关设施。

**第三条**　交通运输部负责指导全国城市公共汽电车客运管理工作。

省、自治区人民政府交通运输主管部门负责指导本行政区域内城市公共汽电车客运管理工作。

城市人民政府交通运输主管部门或者城市人民政府指定的城市公共交通运营主管部门(以下简称城市公共交通主管部门)具体承担本行政区域

内城市公共汽电车客运管理工作。

第四条　城市公共汽电车客运是城市公共交通的重要组成部分，具有公益属性。

省、自治区人民政府交通运输主管部门和城市公共交通主管部门应当在本级人民政府的领导下，会同有关部门，根据国家优先发展公共交通战略，落实在城市规划、财政政策、用地供给、设施建设、路权分配等方面优先保障城市公共汽电车客运事业发展的政策措施。

第五条　城市公共汽电车客运的发展，应当遵循安全可靠、便捷高效、经济适用、节能环保的原则。

第六条　国家鼓励城市公共汽电车客运运营企业实行规模化、集约化经营。

第七条　国家鼓励推广新技术、新能源、新装备，加强城市公共交通智能化建设，推进物联网、大数据、移动互联网等现代信息技术在城市公共汽电车客运运营、服务和管理方面的应用。

## 第二章　规划与建设

第八条　城市公共交通主管部门应当统筹考虑城市发展和社会公众基本出行需求，会同有关部门组织编制、修改城市公共汽电车线网规划。

编制、修改城市公共汽电车线网规划，应当科学设计城市公共汽电车线网、场站布局、换乘枢纽和重要交通节点设置，注重城市公共汽电车与其他出行方式的衔接和协调，并广泛征求相关部门和社会各方的意见。

第九条　城市公共交通主管部门应当依据城市公共汽电车线网规划，结合城市发展和社会公众出行需求，科学论证、适时开辟或者调整城市公共汽电车线路和站点，并征求社会公众意见。

新建、改建、扩建城市公共汽电车客运服务设施，应当符合城市公共汽电车线网规划。

第十条　城市公共交通主管部门应当按照城市公共汽电车线网规划，对城市道路等市政设施以及规模居住区、交通枢纽、商业中心、工业园区等大型建设项目配套建设城市公共汽电车客运服务设施制定相关标准。

第十一条 城市公共交通主管部门应当会同有关部门，按照相关标准要求，科学设置公交专用道、公交优先通行信号系统、港湾式停靠站等，提高城市公共汽电车的通行效率。

第十二条 城市公共交通主管部门应当定期开展社会公众出行调查，充分利用移动互联网、大数据、云计算等现代信息技术收集、分析社会公众出行时间、方式、频率、空间分布等信息，作为优化城市公共交通线网的依据。

第十三条 城市公共交通主管部门应当按照有关标准对城市公共汽电车线路、站点进行统一命名，方便乘客出行及换乘。

## 第三章 运营管理

第十四条 城市公共汽电车客运按照国家相关规定实行特许经营，城市公共交通主管部门应当根据规模经营、适度竞争的原则，综合考虑运力配置、社会公众需求、社会公众安全等因素，通过服务质量招投标的方式选择运营企业，授予城市公共汽电车线路运营权；不符合招投标条件的，由城市公共交通主管部门择优选择取得线路运营权的运营企业。城市公共交通主管部门应当与取得线路运营权的运营企业签订线路特许经营协议。

城市公共汽电车线路运营权实行无偿授予，城市公共交通主管部门不得拍卖城市公共汽电车线路运营权。运营企业不得转让、出租或者变相转让、出租城市公共汽电车线路运营权。

第十五条 申请城市公共汽电车线路运营权应当符合下列条件：

（一）具有企业法人营业执照；

（二）具有符合运营线路要求的运营车辆或者提供保证符合国家有关标准和规定车辆的承诺书；

（三）具有合理可行、符合安全运营要求的线路运营方案；

（四）具有健全的经营服务管理制度、安全生产管理制度和服务质量保障制度；

（五）具有相应的管理人员和与运营业务相适应的从业人员；

（六）有关法律、法规规定的其他条件。

第十六条 城市公共汽电车线路运营权实行期限制，同一城市公共汽电车线路运营权实行统一的期限。

第十七条 城市公共汽电车线路特许经营协议应当明确以下内容：

（一）运营线路、站点设置、配置车辆数及车型、首末班次时间、运营间隔、线路运营权期限等；

（二）运营服务标准；

（三）安全保障制度、措施和责任；

（四）执行的票制、票价；

（五）线路运营权的变更、延续、暂停、终止的条件和方式；

（六）履约担保；

（七）运营期限内的风险分担；

（八）应急预案和临时接管预案；

（九）运营企业相关运营数据上报要求；

（十）违约责任；

（十一）争议调解方式；

（十二）双方的其他权利和义务；

（十三）双方认为应当约定的其他事项。

在线路特许经营协议有效期限内，确需变更协议内容的，协议双方应当在共同协商的基础上签订补充协议。

第十八条 城市公共汽电车线路运营权期限届满，由城市公共交通主管部门按照第十四条规定重新选择取得该线路运营权的运营企业。

第十九条 获得城市公共汽电车线路运营权的运营企业，应当按照线路特许经营协议要求提供连续服务，不得擅自停止运营。

运营企业需要暂停城市公共汽电车线路运营的，应当提前3个月向城市公共交通主管部门提出报告。运营企业应当按照城市公共交通主管部门的要求，自拟暂停之日7日前应当向社会公告；城市公共交通主管部门应当根据需要，采取临时指定运营企业、调配车辆等应对措施，保障社会公众出行需求。

第二十条　在线路运营权期限内，运营企业因破产、解散、被撤销线路运营权以及不可抗力等原因不能运营时，应当及时书面告知城市公共交通主管部门。城市公共交通主管部门应当按照国家相关规定重新选择线路运营企业。

在线路运营权期限内，运营企业合并、分立的，应当向城市公共交通主管部门申请终止其原有线路运营权。合并、分立后的运营企业符合本规定第十五条规定条件的，城市公共交通主管部门可以与其就运营企业原有的线路运营权重新签订线路特许经营协议；不符合相关要求的，城市公共交通主管部门应当按照国家相关规定重新选择线路运营企业。

第二十一条　城市公共交通主管部门应当配合有关部门依法做好票制票价的制定和调整，依据成本票价，并按照鼓励社会公众优先选择城市公共交通出行的原则，统筹考虑社会公众承受能力、政府财政状况和出行距离等因素，确定票制票价。

运营企业应当执行城市人民政府确定的城市公共汽电车票制票价。

第二十二条　运营企业应当按照企业会计准则等有关规定，加强财务管理，规范会计核算，并按规定向城市公共交通主管部门报送运营信息、统计报表和年度会计报告等信息。年度会计报告内容应当包括运营企业实际执行票价低于运营成本的部分，执行政府乘车优惠政策减少的收入，以及执行抢险救灾等政府指令性任务发生的支出等。

第二十三条　城市公共交通主管部门应当配合有关部门建立运营企业的运营成本核算制度和补偿、补贴制度。

对于运营企业执行票价低于成本票价等所减少的运营收入执行政府乘车优惠政策减少的收入，以及因承担政府指令性任务所造成的政策性亏损，城市公共交通主管部门应当建议有关部门按规定予以补偿、补贴。

## 第四章　运营服务

第二十四条　运营企业应当按照线路特许经营协议确定的数量、车型配备符合有关标准规定的城市公共汽电车车辆，并报城市公共交通主管部门备案。

第二十五条　运营企业应当按照有关标准及城市公共交通主管部门的要求，在投入运营的车辆上配置符合以下要求的相关服务设施和运营标识：

（一）在规定位置公布运营线路图、价格表；

（二）在规定位置张贴统一制作的乘车规则和投诉电话；

（三）在规定位置设置特需乘客专用座位；

（四）在无人售票车辆上配置符合规定的投币箱、电子读卡器等服务设施；

（五）规定的其他车辆服务设施和标识。

第二十六条　运营企业应当按照有关标准及城市公共交通主管部门的要求，在城市公共汽电车客运首末站和中途站配置符合以下要求的相关服务设施和运营标识：

（一）在规定位置公布线路票价、站点名称和服务时间；

（二）在规定位置张贴投诉电话；

（三）规定的其他站点服务设施和标识配置要求。

第二十七条　运营企业聘用的从事城市公共汽电车客运的驾驶员、乘务员，应当具备以下条件：

（一）具有履行岗位职责的能力；

（二）身心健康，无可能危及运营安全的疾病或者病史；

（三）无吸毒或者暴力犯罪记录。

从事城市公共汽电车客运的驾驶员还应当符合以下条件：

（一）取得与准驾车型相符的机动车驾驶证且实习期满；

（二）最近连续3个记分周期内没有记满12分违规记录；

（三）无交通肇事犯罪、危险驾驶犯罪记录，无饮酒后驾驶记录。

第二十八条　运营企业应当按照有关规范和标准对城市公共汽电车客运驾驶员、乘务员进行有关法律法规、岗位职责、操作规程、服务规范、安全防范和应急处置等基本知识与技能的培训和考核，安排培训、考核合格人员上岗。运营企业应当将相关培训、考核情况建档备查，并报城市公共交通主管部门备案。

第二十九条 从事城市公共汽电车客运的驾驶员、乘务员，应当遵守以下规定：

（一）履行相关服务标准；

（二）按照规定的时段、线路和站点运营，不得追抢客源、滞站揽客；

（三）按照价格主管部门核准的票价收费，并执行有关优惠乘车的规定；

（四）维护城市公共汽电车场站和车厢内的正常运营秩序，播报线路名称、走向和停靠站，提示安全注意事项；

（五）为老、幼、病、残、孕乘客提供必要的帮助；

（六）发生突发事件时应当及时处置，保护乘客安全，不得先于乘客弃车逃离；

（七）遵守城市公共交通主管部门制定的其他服务规范。

第三十条 运营企业应当按照线路特许经营协议规定的线路、站点、运营间隔、首末班次时间、车辆数、车型等组织运营。未经城市公共交通主管部门同意，运营企业不得擅自改变线路特许经营协议内容。按照第十七条规定变更协议内容签订补充协议的，应当向社会公示。

第三十一条 运营企业应当依据城市公共汽电车线路特许经营协议制定行车作业计划，并报城市公共交通主管部门备案。运营企业应当履行约定的服务承诺，保证服务质量，按照行车作业计划调度车辆，并如实记录、保存线路运营情况和数据。

第三十二条 运营企业应当及时向城市公共交通主管部门上报相关信息和数据，主要包括运营企业人员、资产等信息，场站、车辆等设施设备相关数据，运营线路、客运量及乘客出行特征、运营成本等相关数据，公共汽电车调查数据，企业政策与制度信息等。

第三十三条 由于交通管制、城市建设、重大公共活动、公共突发事件等影响城市公共汽电车线路正常运营的，城市公共交通主管部门和运营企业应当及时向社会公告相关线路运营的变更、暂停情况，并采取相应措施，保障社会公众出行需求。

**第三十四条** 城市公共交通主管部门应当根据社会公众出行便利、城市公共汽电车线网优化等需要，组织运营企业提供社区公交、定制公交、夜间公交等多样化服务。

**第三十五条** 发生下列情形之一的，运营企业应当按照城市公共交通主管部门的要求，按照应急预案采取应急运输措施：

（一）抢险救灾；

（二）主要客流集散点运力严重不足；

（三）举行重大公共活动；

（四）其他需要及时组织运力对人员进行疏运的突发事件。

**第三十六条** 城市公共汽电车客运场站等服务设施的日常管理单位应当按照有关标准和规定，对场站等服务设施进行日常管理，定期进行维修、保养，保持其技术状况、安全性能符合国家标准，维护场站的正常运营秩序。

**第三十七条** 运营企业应当按照国家有关标准，定期对城市公共电车触线网、馈线网、整流站等供配电设施进行维护，保证其正常使用，并按照国家有关规定设立保护标识。

**第三十八条** 乘客应当遵守乘车规则，文明乘车，不得在城市公共汽电车客运车辆或者场站内饮酒、吸烟、乞讨或者乱扔废弃物。

乘客有违反前款行为时，运营企业从业人员应当对乘客进行劝止，劝阻无效的，运营企业从业人员有权拒绝为其提供服务。

**第三十九条** 乘客应当按照规定票价支付车费，未按规定票价支付的，运营企业从业人员有权要求乘客补交车费，并按照有关规定加收票款。

符合当地优惠乘车条件的乘客，应当按规定出示有效乘车凭证，不能出示的，运营企业从业人员有权要求其按照普通乘客支付车费。

**第四十条** 有下列情形之一的，乘客可以拒绝支付车费：

（一）运营车辆未按规定公布运营收费标准的；

（二）无法提供车票凭证或者车票凭证不符合规定的；

（三）不按核准的收费标准收费的。

第四十一条　城市公共汽电车客运车辆在运营途中发生故障不能继续运营时，驾驶员、乘务员应当向乘客说明原因，安排改乘同线路后序车辆或者采取其他有效措施疏导乘客，并及时报告运营企业。

第四十二条　进入城市公共汽电车客运场站等服务设施的单位和个人，应当遵守城市公共汽电车场站等服务设施运营管理制度。

第四十三条　运营企业利用城市公共汽电车客运服务设施和车辆设置广告的，应当遵守有关广告管理的法律、法规及标准。广告设置不得有覆盖站牌标识和车辆运营标识、妨碍车辆行驶安全视线等影响运营安全的情形。

## 第五章　运营安全

第四十四条　运营企业是城市公共汽电车客运安全生产的责任主体。运营企业应当建立健全企业安全生产管理制度，设置安全生产管理机构或者配备专职安全生产管理人员，保障安全生产经费投入，增强突发事件防范和应急处置能力，定期开展安全检查和隐患排查，加强安全乘车和应急知识宣传。

第四十五条　运营企业应当制定城市公共汽电车客运运营安全操作规程，加强对驾驶员、乘务员等从业人员的安全管理和教育培训。驾驶员、乘务员等从业人员在运营过程中应当执行安全操作规程。

第四十六条　运营企业应当对城市公共汽电车客运服务设施设备建立安全生产管理制度，落实责任制，加强对有关设施设备的管理和维护。

第四十七条　运营企业应当建立城市公共汽电车车辆安全管理制度，定期对运营车辆及附属设备进行检测、维护、更新，保证其处于良好状态。不得将存在安全隐患的车辆投入运营。

第四十八条　运营企业应当在城市公共汽电车车辆和场站醒目位置设置安全警示标志、安全疏散示意图等，并为车辆配备灭火器、安全锤等安全应急设备，保证安全应急设备处于良好状态。

**第四十九条** 禁止携带违禁物品乘车。运营企业应当在城市公共汽电车主要站点的醒目位置公布禁止携带的违禁物品目录。有条件的，应当在城市公共汽电车车辆上张贴禁止携带违禁物品乘车的提示。

**第五十条** 运营企业应当依照规定配备安保人员和相应设备设施，加强安全检查和保卫工作。乘客应当自觉接受、配合安全检查。对于拒绝接受安全检查或者携带违禁物品的乘客，运营企业从业人员应当制止其乘车；制止无效的，及时报告公安部门处理。

**第五十一条** 城市公共交通主管部门应当会同有关部门，定期进行安全检查，督促运营企业及时采取措施消除各种安全隐患。

**第五十二条** 城市公共交通主管部门应当会同有关部门制定城市公共汽电车客运突发事件应急预案，报城市人民政府批准。

运营企业应当根据城市公共汽电车客运突发事件应急预案，制定本企业的应急预案，并定期演练。

发生安全事故或者影响城市公共汽电车客运运营安全的突发事件时，城市公共交通主管部门、运营企业等应当按照应急预案及时采取应急处置措施。

**第五十三条** 禁止从事下列危害城市公共汽电车运营安全、扰乱乘车秩序的行为：

（一）非法拦截或者强行上下城市公共汽电车车辆；

（二）在城市公共汽电车场站及其出入口通道擅自停放非城市公共汽电车车辆、堆放杂物或者摆摊设点等；

（三）妨碍驾驶员的正常驾驶；

（四）违反规定进入公交专用道；

（五）擅自操作有警示标志的城市公共汽电车按钮、开关装置，非紧急状态下动用紧急或安全装置；

（六）妨碍乘客正常上下车；

（七）其他危害城市公共汽电车运营安全、扰乱乘车秩序的行为。

运营企业从业人员接到报告或者发现上述行为应当及时制止；制止无效的，及时报告公安部门处理。

第五十四条  任何单位和个人都有保护城市公共汽电车客运服务设施的义务，不得有下列行为：

（一）破坏、盗窃城市公共汽电车车辆、设施设备；

（二）擅自关闭、侵占、拆除城市公共汽电车客运服务设施或者挪作他用；

（三）损坏、覆盖电车供电设施及其保护标识，在电车架线杆、馈线安全保护范围内修建建筑物、构筑物或者堆放、悬挂物品，搭设管线、电（光）缆等；

（四）擅自覆盖、涂改、污损、毁坏或者迁移、拆除站牌；

（五）其他影响城市公共汽电车客运服务设施功能和安全的行为。

## 第六章  监督检查

第五十五条  城市公共交通主管部门应当建立"双随机"抽查制度，并定期对城市公共汽电车客运进行监督检查，维护正常的运营秩序，保障运营服务质量。

第五十六条  城市公共交通主管部门有权行使以下监督检查职责：

（一）向运营企业了解情况，要求其提供有关凭证、票据、账簿、文件及其他相关材料；

（二）进入运营企业进行检查，调阅、复制相关材料；

（三）向有关单位和人员了解情况。

城市公共交通主管部门对检查中发现的违法行为，应当当场予以纠正或者要求限期改正；对依法应当给予行政处罚、采取强制措施的行为，应当依法予以处理。

有关单位和个人应当接受城市公共交通主管部门及其工作人员依法实施的监督检查，如实提供有关材料或者说明情况。

第五十七条  城市公共交通主管部门应当建立运营企业服务质量评价制度，定期对运营企业的服务质量进行评价并向社会公布，评价结果作为衡量运营企业运营绩效、发放政府补贴和线路运营权管理等的依据。

对服务质量评价不合格的线路，城市公共交通主管部门应当责令相关运营企业整改。整改不合格，严重危害公共利益，或者造成重大安全事故的，城市公共交通主管部门可以终止其部分或者全部线路运营权的协议内容。

第五十八条 城市公共交通主管部门和运营企业应当分别建立城市公共交通服务投诉受理制度并向社会公布，及时核查和处理投诉事项，并将处理结果及时告知投诉人。

第五十九条 城市公共交通主管部门应当对完成政府指令性运输任务成绩突出，文明服务成绩显著，有救死扶伤、见义勇为等先进事迹的运营企业和相关从业人员予以表彰。

## 第七章 法律责任

第六十条 未取得线路运营权、未与城市公共交通主管部门签订城市公共汽电车线路特许经营协议，擅自从事城市公共汽电车客运线路运营的，由城市公共交通主管部门责令停止运营，并处2万元以上3万元以下的罚款。

第六十一条 运营企业违反本规定第二十五条、第二十六条规定，未配置符合要求的服务设施和运营标识的，由城市公共交通主管部门责令限期改正；逾期不改正的，处5000元以下的罚款。

第六十二条 运营企业有下列行为之一的，由城市公共交通主管部门责令限期改正；逾期未改正的，处5000元以上1万元以下的罚款：

（一）未定期对城市公共汽电车车辆及其安全设施设备进行检测、维护、更新的；

（二）未在城市公共汽电车车辆和场站醒目位置设置安全警示标志、安全疏散示意图和安全应急设备的；

（三）使用不具备本规定第二十七条规定条件的人员担任驾驶员、乘务员的；

（四）未对拟担任驾驶员、乘务员的人员进行培训、考核的。

第六十三条　运营企业未制定应急预案并组织演练的，由城市公共交通主管部门责令限期改正，并处1万元以下的罚款。

发生影响运营安全的突发事件时，运营企业未按照应急预案的规定采取应急处置措施，造成严重后果的，由城市公共交通主管部门处2万元以上3万元以下的罚款。

第六十四条　城市公共汽电车客运场站和服务设施的日常管理单位未按照规定对有关场站设施进行管理和维护的，由城市公共交通主管部门责令限期改正；逾期未改正的，处1万元以下的罚款。

第六十五条　违法携带违禁物品进站乘车的，或者有本规定第五十三条危害运营安全行为的，运营企业应当报当地公安部门依法处理。

第六十六条　违反本规定第五十四条，有危害城市公共汽电车客运服务设施行为的，由城市公共交通主管部门责令改正，对损坏的设施依法赔偿，并对个人处1000元以下的罚款，对单位处5000元以下的罚款。构成犯罪的，依法追究刑事责任。

第六十七条　城市公共交通主管部门不履行本规定职责、造成严重后果的，或者有其他滥用职权、玩忽职守、徇私舞弊行为的，对负有责任的领导人员和直接责任人员依法给予处分；构成犯罪的，依法追究刑事责任。

第六十八条　地方性法规、政府规章对城市公共汽电车客运违法行为需要承担的法律责任与本规定有不同规定的，从其规定。

## 第八章　附　　则

第六十九条　县（自治县、旗、自治旗、团场）开通公共汽电车客运的，参照适用本规定。

第七十条　经相关城市人民政府协商开通的毗邻城市间公共汽电车客运，参照适用本规定。

第七十一条　本规定自2017年5月1日起施行。

# 二、城市优先发展公共交通

# 中共中央 国务院关于进一步加强城市规划建设管理工作的若干意见

(2016年2月6日 中发〔2016〕6号)

城市是经济社会发展和人民生产生活的重要载体，是现代文明的标志。新中国成立特别是改革开放以来，我国城市规划建设管理工作成就显著，城市规划法律法规和实施机制基本形成，基础设施明显改善，公共服务和管理水平持续提升，在促进经济社会发展、优化城乡布局、完善城市功能、增进民生福祉等方面发挥了重要作用。同时务必清醒地看到，城市规划建设管理中还存在一些突出问题：城市规划前瞻性、严肃性、强制性和公开性不够，城市建筑贪大、媚洋、求怪等乱象丛生，特色缺失，文化传承堪忧；城市建设盲目追求规模扩张，节约集约程度不高；依法治理城市力度不够，违法建设、大拆大建问题突出，公共产品和服务供给不足，环境污染、交通拥堵等"城市病"蔓延加重。

积极适应和引领经济发展新常态，把城市规划好、建设好、管理好，对促进以人为核心的新型城镇化发展，建设美丽中国，实现"两个一百年"奋斗目标和中华民族伟大复兴的中国梦具有重要现实意义和深远历史意义。为进一步加强和改进城市规划建设管理工作，解决制约城市科学发展的突出矛盾和深层次问题，开创城市现代化建设新局面，现提出以下意见。

## 一、总体要求

（一）指导思想。全面贯彻党的十八大和十八届三中、四中、五中全会及中央城镇化工作会议、中央城市工作会议精神，深入贯彻习近平总书记系列重要讲话精神，按照"五位一体"总体布局和"四个全面"战略布局，牢固树立和贯彻落实创新、协调、绿色、开放、共享的发展理念，认识、尊重、顺应城市发展规律，更好发挥法治的引领和规范作用，依法规划、建设和管理城市，贯彻"适用、经济、绿色、美观"的建筑方针，着力转变城市发展方式，着力塑造城市特色风貌，着力提升城市环境质量，着力创新城市管理服务，走出一条中国特色城市发展道路。

（二）总体目标。实现城市有序建设、适度开发、高效运行，努力打造和谐宜居、富有活力、各具特色的现代化城市，让人民生活更美好。

（三）基本原则。坚持依法治理与文明共建相结合，坚持规划先行与建管并重相结合，坚持改革创新与传承保护相结合，坚持统筹布局与分类指导相结合，坚持完善功能与宜居宜业相结合，坚持集约高效与安全便利相结合。

**二、强化城市规划工作**

（四）依法制定城市规划。城市规划在城市发展中起着战略引领和刚性控制的重要作用。依法加强规划编制和审批管理，严格执行城乡规划法规定的原则和程序，认真落实城市总体规划由本级政府编制、社会公众参与、同级人大常委会审议、上级政府审批的有关规定。创新规划理念，改进规划方法，把以人为本、尊重自然、传承历史、绿色低碳等理念融入城市规划全过程，增强规划的前瞻性、严肃性和连续性，实现一张蓝图干到底。坚持协调发展理念，从区域、城乡整体协调的高度确定城市定位、谋划城市发展。加强空间开发管制，划定城市开发边界，根据资源禀赋和环境承载能力，引导调控城市规模，优化城市空间布局和形态功能，确定城市建设约束性指标。按照严控增量、盘活存量、优化结构的思路，逐步调整城市用地结构，把保护基本农田放在优先地位，保证生态用地，合理安排建设用地，推动城市集约发展。改革完善城市规划管理体制，加强城市总体规划和土地利用总体规划的衔接，推进两图合一。在有条件的城市探索城市规划管理和国土资源管理部门合一。

（五）严格依法执行规划。经依法批准的城市规划，是城市建设和管理的依据，必须严格执行。进一步强化规划的强制性，凡是违反规划的行为都要严肃追究责任。城市政府应当定期向同级人大常委会报告城市规划实施情况。城市总体规划的修改，必须经原审批机关同意，并报同级人大常委会审议通过，从制度上防止随意修改规划等现象。控制性详细规划是规划实施的基础,未编制控制性详细规划的区域,不得进行建设。控制性详细规划的编制、实施以及对违规建设的处理结果,都要向社会公开。全面推行城市规划委员会制度。健全国家城乡规划督察员制度,实现规划督察全覆盖。完善社会参与机制,充分发挥专家和公众的力量,加强规划实施的社会监督。建立利用卫星遥感监测等多种手段共同监督规划实施的工作机制。严控各类开发区和城市新区设立,凡不符合城镇体系规划、城市总体规划和土地利用总体规划进行建设的,一律按违法处理。用5年左右时间,全面清查并处理建成区违法建设,坚决遏制新增违法建设。

## 三、塑造城市特色风貌

(六)提高城市设计水平。城市设计是落实城市规划、指导建筑设计、塑造城市特色风貌的有效手段。鼓励开展城市设计工作,通过城市设计,从整体平面和立体空间上统筹城市建筑布局,协调城市景观风貌,体现城市地域特征、民族特色和时代风貌。单体建筑设计方案必须在形体、色彩、体量、高度等方面符合城市设计要求。抓紧制定城市设计管理法规,完善相关技术导则。支持高等学校开设城市设计相关专业,建立和培育城市设计队伍。

(七)加强建筑设计管理。按照"适用、经济、绿色、美观"的建筑方针,突出建筑使用功能以及节能、节水、节地、节材和环保,防止片面追求建筑外观形象。强化公共建筑和超限高层建筑设计管理,建立大型公共建筑工程后评估制度。坚持开放发展理念,完善建筑设计招投标决策机制,规范决策行为,提高决策透明度和科学性。进一步培育和规范建筑设计市场,依法严格实施市场准入和清出。为建筑设计院和建筑师事务所发展创造更加良好的条件,鼓励国内外建筑设计企业充分竞争,使优秀作品脱颖而出。培养既有国际视野又有民族自信的建筑师队伍,进一步明确建筑师的权利和责任,提高建筑师的地位。倡导开展建筑评论,促进建筑设计理念的交融和升华。

(八)保护历史文化风貌。有序实施城市修补和有机更新,解决老城区环境品质下降、空间秩序混乱、历史文化遗产损毁等问题,促进建筑物、街道立面、天际线、色彩和环境更加协调、优美。通过维护加固老建筑、改造利用旧厂房、完善基础设施等措施，恢复老城区功能和活力。加强文化遗产保护传承和合理利用，保护古遗址、古建筑、近现代历史建筑，更好地延续历史文脉，展现城市风貌。用5年左右时间，完成所有城市历史文化街区划定和历史建筑确定工作。

**四、提升城市建筑水平**

（九）落实工程质量责任。完善工程质量安全管理制度，落实建设单位、勘察单位、设计单位、施工单位和工程监理单位等五方主体质量安全责任。强化政府对工程建设全过程的质量监管，特别是强化对工程监理的监管，充分发挥质监站的作用。加强职业道德规范和技能培训，提高从业人员素质。深化建设项目组织实施方式改革，推广工程总承包制，加强建筑市场监管，严厉查处转包和违法分包等行为，推进建筑市场诚信体系建设。实行施工企业银行保函和工程质量责任保险制度。建立大型工程技术风险控制机制，鼓励大型公共建筑、地铁等按市场化原则向保险公司投保重大工程保险。

（十）加强建筑安全监管。实施工程全生命周期风险管理，重点抓好房屋建筑、城市桥梁、建筑幕墙、斜坡（高切坡）、隧道（地铁）、地下管线等工程运行使用的安全监管，做好质量安全鉴定和抗震加固管理，建立安全预警及应急控制机制。加强对既有建筑改扩建、装饰装修、工程加固的质量安全监管。全面排查城市老旧建筑安全隐患，采取有力措施限期整改，严防发生垮塌等重大事故，保障人民群众生命财产安全。

（十一）发展新型建造方式。大力推广装配式建筑，减少建筑垃圾和扬尘污染，缩短建造工期，提升工程质量。制定装配式建筑设计、施工和验收规范。完善部品部件标准，实现建筑部品部件工厂化生产。鼓励建筑企业装配式施工，现场装配。建设国家级装配式建筑生产基地。加大政策支持力度，力争用10年左右时间，使装配式建筑占新建建筑的比例达到30%。积极稳妥推广钢结构建筑。在具备条件的地方，倡导发展现代木结构建筑。

**五、推进节能城市建设**

（十二）推广建筑节能技术。提高建筑节能标准，推广绿色建筑和建材。支持和鼓励各地结合自然气候特点，推广应用地源热泵、水源热泵、太阳能发电等新能源技术，发展被动式房屋等绿色节能建筑。完善绿色节能建筑和建材评价体系，制定分布式能源建筑应用标准。分类制定建筑全生命周期能源消耗标准定额。

（十三）实施城市节能工程。在试点示范的基础上，加大工作力度，全面推进区域热电联产、政府机构节能、绿色照明等节能工程。明确供热采暖系统安全、节能、环保、卫生等技术要求，健全服务质量标准和评估监督办法。进一步加强对城市集中供热系统的技术改造和运行管理，提高热能利用效率。大力推行采暖地区住宅供热分户计量，新建住宅必须全部实现供热分户计量，既有住宅要逐步实施供热分户计量改造。

**六、完善城市公共服务**

（十四）大力推进棚改安居。深化城镇住房制度改革，以政府为主保障困难群体基本住房需求，以市场为主满足居民多层次住房需求。大力推进城镇棚户区改造，稳步实施城中村改造，有序推进老旧住宅小区综合整治、危房和非成套住房改造，加快配套基础设施建设，切实解决群众住房困难。打好棚户区改造三年攻坚战，到2020年，基本完成现有的城镇棚户区、城中村和危房改造。完善土地、财政和金融政策，落实税收政策。创新棚户区改造体制机制，推动政府购买棚改服务，推广政府与社会资本合作模式，构建多元化棚改实施主体，发挥开发性金融支持作用。积极推行棚户区改造货币化安置。因地制宜确定住房保障标准，健全准入退出机制。

（十五）建设地下综合管廊。认真总结推广试点城市经验，逐步推开城市地下综合管廊建设，统筹各类管线敷设，综合利用地下空间资源，提高城市综合承载能力。城市新区、各类园区、成片开发区域新建道路必须同步建设地下综合管廊，老城区要结合地铁建设、河道治理、道路整治、旧城更新、棚户区改造等，逐步推进地下综合管廊建设。加快制定地下综合管廊建设标准和技术导则。凡建有地下综合管廊的区域，各类管线必须全部入廊，管廊以外区域不得新建管线。管廊实行有偿使用，建立合理的收费机制。鼓励社会资本投资和运营地下综合管廊。各城市要综合考虑城市发展远景，按照先规划、后建设的原则，编制地下综合管廊建设专项规划，在年度建设计划中优先安排，并预留和控制地下空间。完善管理制度，确保管廊正常运行。

（十六）优化街区路网结构。加强街区的规划和建设，分梯级明确新建街区面积，推动发展开放便捷、尺度适宜、配套完善、邻里和谐的生活街区。新建住宅要推广街区制，原则上不再建设封闭住宅小区。已建成的住宅小区和单位大院要逐步打开，实现内部道路公共化，解决交通路网布局问题，促进土地节约利用。树立"窄马路、密路网"的城市道路布局理念，建设快速路、主次干路和支路级配合理的道路网系统。打通各类"断头路"，形成完整路网，提高道路通达性。科学、规范设置道路交通安全设施和交通管理设施，提高道路安全性。到2020年，城市建成区平均路网密度提高到8公里/平方公里，道路面积率达到15%。积极采用单行道路方式组织交通。加强自行车道和步行道系统建设，倡导绿色出行。合理配置停车设施，鼓励社会参与，放宽市场准入，逐步缓解停车难问题。

（十七）优先发展公共交通。以提高公共交通分担率为突破口，缓解城市交通压力。统筹公共汽车、轻轨、地铁等多种类型公共交通协调发展，到2020年，超大、特大城市公共交通分担率达到40%以上，大城市达到30%以上，中小城市达到20%以上。加强城市综合交通枢纽建设，促进不同运输方式和城市内外交通之间的顺畅衔接、便捷换乘。扩大公共交通专用道的覆盖范围。实现中心城区公交站点500米内全覆盖。引入市场竞争机制，改革公交公司管理体制，鼓励社会资本参与公共交通设施建设和运营，增强公共交通运力。

（十八）健全公共服务设施。坚持共享发展理念，使人民群众在共建共享中有更多获得感。合理确定公共服务设施建设标准，加强社区服务场所建设，形成以社区级设施为基础，市、区级设施衔接配套的公共服务设施网络体系。配套建设中小学、幼儿园、超市、菜市场，以及社区养老、医疗卫生、文化服务等设施，大力推进无障碍设施建设，打造方便快捷生活圈。继续推动公共图书馆、美术馆、文化馆（站）、博物馆、科技馆免费向全社会开放。推动社区内公共设施向居民开放。合理规划建设广场、公园、步行道等公共活动空间，方便居民文体活动，促进居民交流。强化绿地服务居民日常活动的功能，使市民在居家附近能够见到绿地、亲近绿地。城市公园原则上要免费向居民开放。限期清理腾退违规占用的公共空间。顺应新型城镇化的要求，稳步推进城镇基本公共服务常住人口全覆盖，稳定就业和生活的农业转移人口在住房、教育、文化、医疗卫生、计划生育和证照办理服务等方面，与城镇居民有同等权利和义务。

（十九）切实保障城市安全。加强市政基础设施建设，实施地下管网改造工程。提高城市排涝系统建设标准，加快实施改造。提高城市综合防灾和安全设施建设配置标准，加大建设投入力度，加强设施运行管理。建立城市备用饮用水水源地，确保饮水安全。健全城市抗震、防洪、排涝、消防、交通、应对地质灾害应急指挥体系，完善城市生命通道系统，加强城市防灾避难场所建设，增强抵御自然灾害、处置突发事件和危机管理能力。加强城市安全监管，建立专业化、职业化的应急救援队伍，提升社会治安综合治理水平，形成全天候、系统性、现代化的城市安全保障体系。

### 七、营造城市宜居环境

（二十）推进海绵城市建设。充分利用自然山体、河湖湿地、耕地、林地、草地等生态空间，建设海绵城市，提升水源涵养能力，缓解雨洪内涝压力，促进水资源循环利用。鼓励单位、社区和居民家庭安装雨水收集装置。大幅度减少城市硬覆盖地面，推广透水建材铺装，大力建设雨水花园、储水池塘、湿地公园、下沉式绿地等雨水滞留设施，让雨水自然积存、自然渗透、自然净化，不断提高城市雨水就地蓄积、渗透比例。

（二十一）恢复城市自然生态。制定并实施生态修复工作方案，有计划有步骤地修复被破坏的山体、河流、湿地、植被，积极推进采矿废弃地修复和再利用，治理污染土地，恢复城市自然生态。优化城市绿地布局，构建绿道系统，实现城市内外绿地连接贯通，将生态要素引入市区。建设森林城市。推行生态绿化方式，保护古树名木资源，广植当地树种，减少人工干预，让乔灌草合理搭配、自然生长。鼓励发展屋顶绿化、立体绿化。进一步提高城市人均公园绿地面积和城市建成区绿地率，改变城市建设中过分追求高强度开发、高密度建设、大面积硬化的状况，让城市更自然、更生态、更有特色。

（二十二）推进污水大气治理。强化城市污水治理，加快城市污水处理设施建设与改造，全面加强配套管网建设，提高城市污水收集处理能力。整治城市黑臭水体，强化城中村、老旧城区和城乡接合部污水截流、收集，抓紧治理城区污水横流、河湖水系污染严重的现象。到2020年，地级以上城市建成区力争实现污水全收集、全处理，缺水城市再生水利用率达到20%以上。以中水洁厕为突破口，不断提高污水利用率。新建住房和单体建筑面积超过一定规模的新建公共建筑应当安装中水设施，老旧住房也应当逐步实施中水利用改造。培育以经营中水业务为主的水务公司，合理形成中水回用价格，鼓励按市场化方式经营中水。城市工业生产、道路清扫、车辆冲洗、绿化浇灌、生态景观等生产和生态用水要优先使用中水。全面推进大气污染防治工作。加大城市工业源、面源、移动源污染综合治理力度，着力减少多污染物排放。加快调整城市能源结构，增加清洁能源供应。深化京津冀、长三角、珠三角等区域大气污染联防联控，健全重污染天气监测预警体系。提高环境监管能力，加大执法力度，严厉打击各类环境违法行为。倡导文明、节约、绿色的消费方式和生活习惯，动员全社会参与改善环境质量。

（二十三）加强垃圾综合治理。树立垃圾是重要资源和矿产的观念，建立政府、社区、企业和居民协调机制，通过分类投放收集、综合循环利用，促进垃圾减量化、资源化、无害化。到2020年，力争将垃圾回收利用率提高到35%以上。强化城市保洁工作，加强垃圾处理设施建设，统筹城乡垃圾处理处置，大力解决垃圾围城问题。推进垃圾收运处理企业化、市场化，促进垃圾清运体系与再生资源回收体系对接。通过限制过度包装，减少一次性制品使用，推行净菜入城等措施，从源头上减少垃圾产生。利用新技术、新设备，推广厨余垃圾家庭粉碎处理。完善激励机制和政策，力争用5年左右时间，基本建立餐厨废弃物和建筑垃圾回收和再生利用体系。

## 八、创新城市治理方式

（二十四）推进依法治理城市。适应城市规划建设管理新形势和新要求,加强重点领域法律法规的立改废释,形成覆盖城市规划建设管理全过程的法律法规制度。严格执行城市规划建设管理行政决策法定程序,坚决遏制领导干部随意干预城市规划设计和工程建设的现象。研究推动城乡规划法与刑法衔接,严厉惩处规划建设管理违法行为,强化法律责任追究,提高违法违规成本。

(二十五)改革城市管理体制。明确中央和省级政府城市管理主管部门,确定管理范围、权力清单和责任主体,理顺各部门职责分工。推进市县两级政府规划建设管理机构改革,推行跨部门综合执法。在设区的市推行市或区一级执法,推动执法重心下移和执法事项属地化管理。加强城市管理执法机构和队伍建设,提高管理、执法和服务水平。

(二十六)完善城市治理机制。落实市、区、街道、社区的管理服务责任,健全城市基层治理机制。进一步强化街道、社区党组织的领导核心作用,以社区服务型党组织建设带动社区居民自治组织、社区社会组织建设。增强社区服务功能,实现政府治理和社会调节、居民自治良性互动。加强信息公开,推进城市治理阳光运行,开展世界城市日、世界住房日等主题宣传活动。

(二十七)推进城市智慧管理。加强城市管理和服务体系智能化建设,促进大数据、物联网、云计算等现代信息技术与城市管理服务融合,提升城市治理和服务水平。加强市政设施运行管理、交通管理、环境管理、应急管理等城市管理数字化平台建设和功能整合,建设综合性城市管理数据库。推进城市宽带信息基础设施建设,强化网络安全保障。积极发展民生服务智慧应用。到2020年,建成一批特色鲜明的智慧城市。通过智慧城市建设和其他一系列城市规划建设管理措施,不断提高城市运行效率。

(二十八)提高市民文明素质。以加强和改进城市规划建设管理来满足人民群众日益增长的物质文化需要,以提升市民文明素质推动城市治理水平的不断提高。大力开展社会主义核心价值观学习教育实践,促进市民形成良好的道德素养和社会风尚,提高企业、社会组织和市民参与城市治理的意识和能力。从青少年抓起,完善学校、家庭、社会三结合的教育网络,将良好校风、优良家风和社会新风有机融合。建立完善市民行为规范，增强市民法治意识。

### 九、切实加强组织领导

（二十九）加强组织协调。中央和国家机关有关部门要加大对城市规划建设管理工作的指导、协调和支持力度，建立城市工作协调机制，定期研究相关工作。定期召开中央城市工作会议，研究解决城市发展中的重大问题。中央组织部、住房城乡建设部要定期组织新任市委书记、市长培训，不断提高城市主要领导规划建设管理的能力和水平。

（三十）落实工作责任。省级党委和政府要围绕中央提出的总目标，确定本地区城市发展的目标和任务，集中力量突破重点难点问题。城市党委和政府要制定具体目标和工作方案，明确实施步骤和保障措施，加强对城市规划建设管理工作的领导，落实工作经费。实施城市规划建设管理工作监督考核制度，确定考核指标体系，定期通报考核结果，并作为城市党政领导班子和领导干部综合考核评价的重要参考。

各地区各部门要认真贯彻落实本意见精神，明确责任分工和时间要求，确保各项政策措施落到实处。各地区各部门贯彻落实情况要及时向党中央、国务院报告。中央将就贯彻落实情况适时组织开展监督检查。

# 国务院关于城市优先发展公共交通的指导意见

(2012 年 12 月 29 日　国发〔2012〕64 号)

各省、自治区、直辖市人民政府，国务院各部委、各直属机构：

近年来，我国城市公共交通得到快速发展，技术装备水平不断提高，基础设施建设运营成绩显著，人民群众出行更加方便，但随着我国城镇化加速发展，城市交通发展面临新的挑战。城市公共交通具有集约高效、节能环保等优点，优先发展公共交通是缓解交通拥堵、转变城市交通发展方式、提升人民群众生活品质、提高政府基本公共服务水平的必然要求，是构建资源节约型、环境友好型社会的战略选择。为实施城市公共交通优先发展战略，现提出以下指导意见：

一、树立优先发展理念

深入贯彻落实科学发展观，加快转变城市交通发展方式，突出城市公共交通的公益属性，将公共交通发展放在城市交通发展的首要位置，着力提升城市公共交通保障水平。在规划布局、设施建设、技术装备、运营服务等方面，明确公共交通发展目标，落实保障措施，创新体制机制，形成城市公共交通优先发展的新格局。

二、把握科学发展原则

一是方便群众。把改善城市公共交通条件、方便群众日常出行作为首要原则，推动网络化建设，增强供给能力，优化换乘条件，提高服务品质，确保群众出行安全可靠、经济适用、便捷高效。

二是综合衔接。突出公共交通在城市总体规划中的地位和作用，按照科学合理、适度超前的原则编制城市公共交通规划，加强与其他交通方式的衔接，提高一体化水平，统筹基础设施建设与运营组织管理，引导城市空间布局的优化调整。

三是绿色发展。按照资源节约和环境保护的要求，以节能减排为重点,大力发展低碳、高效、大容量的城市公共交通系统,加快新技术、新能源、新装备的推广应用,倡导绿色出行。

四是因地制宜。根据城市功能定位、发展条件和交通需求等特点,科学确定公共交通发展目标和发展模式。明确城市公共交通的主导方式,选择合理的建设实施方案,建立适宜的运行管理机制,配套相应的政策保障措施。

### 三、明确总体发展目标

通过提高运输能力、提升服务水平、增强公共交通竞争力和吸引力,构建以公共交通为主的城市机动化出行系统,同时改善步行、自行车出行条件。要发展多种形式的大容量公共交通工具,建设综合交通枢纽,优化换乘中心功能和布局,提高站点覆盖率,提升公共交通出行分担比例,确立公共交通在城市交通中的主体地位。

科学研究确定城市公共交通模式,根据城市实际发展需要合理规划建设以公共汽(电)车为主体的地面公共交通系统,包括快速公共汽车、现代有轨电车等大容量地面公共交通系统,有条件的特大城市、大城市有序推进轨道交通系统建设。提高城市公共交通车辆的保有水平和公共汽(电)车平均运营时速,大城市要基本实现中心城区公共交通站点500米全覆盖,公共交通占机动化出行比例达到60%左右。

### 四、实施加快发展政策

(一)强化规划调控。

要强化城市总体规划对城市发展建设的综合调控,统筹城市发展布局、功能分区、用地配置和交通发展,倡导公共交通支撑和引导城市发展的规划模式,科学制定城市综合交通规划和公共交通规划。城市综合交通规划应明确公共交通优先发展原则,统筹重大交通基础设施建设,合理配置和利用各种交通资源。城市公共交通规划要科学规划线网布局,优化重要交通节点设置和方便衔接换乘,落实各种公共交通方式的功能分工,加强与个体机动化交通以及步行、自行车出行的协调,促进城市内外交通便利衔接和城乡公共交通一体化发展。

(二)加快基础设施建设。

提升公共交通设施和装备水平,提高公共交通的便利性和舒适性。科学有序发展城市轨道交通，积极发展大容量地面公共交通，加快调度中心、停车场、保养场、首末站以及停靠站的建设，提高公共汽（电）车的进场率；推进换乘枢纽及步行道、自行车道、公共停车场等配套服务设施建设，将其纳入城市旧城改造和新城建设规划同步实施。鼓励新能源公共交通车辆应用，加快老旧车辆更新淘汰，保障公共交通运营设备的更新和维护，提高整体运输能力。

（三）加强公共交通用地综合开发。

城市控制性详细规划要与城市综合交通规划和公共交通规划相互衔接，优先保障公共交通设施用地。加强公共交通用地监管，改变土地用途的由政府收回后重新供应用于公共交通基础设施建设。对新建公共交通设施用地的地上、地下空间，按照市场化原则实施土地综合开发。对现有公共交通设施用地，支持原土地使用者在符合规划且不改变用途的前提下进行立体开发。公共交通用地综合开发的收益用于公共交通基础设施建设和弥补运营亏损。

（四）加大政府投入。

城市人民政府要将公共交通发展资金纳入公共财政体系，重点增加大容量公共交通、综合交通枢纽、场站建设以及车辆设备购置和更新的投入。"十二五"期间，免征城市公共交通企业新购置的公共汽（电）车的车辆购置税；依法减征或者免征公共交通车船的车船税；落实对城市公共交通行业的成品油价格补贴政策，确保补贴及时足额到位。对城市轨道交通运营企业实施电价优惠。

（五）拓宽投资渠道。

推进公共交通投融资体制改革，进一步发挥市场机制的作用。支持公共交通企业利用优质存量资产，通过特许经营、战略投资、信托投资、股权融资等多种形式，吸引和鼓励社会资金参与公共交通基础设施建设和运营，在市场准入标准和优惠扶持政策方面，对各类投资主体同等对待。公共交通企业可以开展与运输服务主业相关的其他经营业务，改善企业财务状况，增强市场融资能力。要加强银企合作，创新金融服务，为城市公共交通发展提供优质、低成本的融资服务。

（六）保障公共交通路权优先。

优化公共交通线路和站点设置，逐步提高覆盖率、准点率和运行速度，改善公共交通通达性和便捷性。增加公共交通优先车道，扩大信号优先范围，逐步形成公共交通优先通行网络。集约利用城市道路资源，允许机场巴士、校车、班车使用公共交通优先车道。增加公共交通优先通行管理设施投入，加强公共交通优先车道的监控和管理，在拥堵区域和路段取消占道停车，充分利用科技手段，加大对交通违法行为的执法力度。

（七）鼓励智能交通发展。

按照智能化、综合化、人性化的要求，推进信息技术在城市公共交通运营管理、服务监管和行业管理等方面的应用，重点建设公众出行信息服务系统、车辆运营调度管理系统、安全监控系统和应急处置系统。加强城市公共交通与其他交通方式、城市道路交通管理系统的信息共享和资源整合，提高服务效率。"十二五"期间，进一步完善城市公共交通移动支付体系建设，全面推广普及城市公共交通"一卡通"，加快其在城市不同交通方式中的应用。加快完善标准体系，逐步实现跨市域公共交通"一卡通"的互联互通。

**五、建立持续发展机制**

（一）完善价格补贴机制。

综合考虑社会承受能力、企业运营成本和交通供求状况，完善价格形成机制，根据服务质量、运输距离以及各种公共交通换乘方式等因素，建立多层次、差别化的价格体系，增强公共交通吸引力。合理界定补贴补偿范围，对实行低票价、减免票、承担政府指令性任务等形成的政策性亏损，对企业在技术改造、节能减排、经营冷僻线路等方面的投入，地方财政给予适当补贴补偿。建立公共交通企业职工工资收入正常增长机制。

（二）健全技术标准体系。

修订和完善公共交通基础设施的建设标准；规范轨道交通、公共汽（电）车等装备的产品标准；建立新能源车辆性能检验等技术标准；制定公共交通运营的服务标准，构建服务质量评价指标体系。研究公共交通技术政策，明确技术发展方向。

## 二、城市优先发展公共交通

（三）推行交通综合管理。

综合运用法律、经济、行政等手段，有效调控、合理引导个体机动化交通需求。在特大城市尝试实施不同区域、不同类型停车场差异化收费和建设驻车换乘系统等需求管理措施，加强停车设施规划建设及管理。发展中小学校车服务系统，加强资质管理，制定安全和服务标准。"十二五"期间，初步建立出租汽车服务管理信息系统，大力推广出租汽车电话约车服务，方便群众乘车，减少空驶。大力发展汽车租赁、包车客运等交通服务方式，通过社会化、市场化手段，满足企事业单位和个人商务、旅游等多样化的出行需求，提高车辆的利用效率。落实城市建设项目交通影响评价制度，并作为项目实施的前置性条件，严格落实公共交通配建标准，实现同步设计、同步建设、同步验收。大力加强公共交通和绿色出行的宣传和引导。

（四）健全安全管理制度。

强化安全第一、质量为本的理念。城市人民政府要切实加强公共交通的安全监管，完善安全标准体系，健全安全管理制度，落实监管责任，加大安全投入，制定应急预案。重大公共交通项目建设要严格执行法定程序和工程标准，保证合理工期，加强验收管理。城市公共交通企业作为安全责任主体，要完善各项规章制度和岗位规范，健全安全管理机构，配备专职管理人员，落实安全管理责任，加大经费投入，定期开展安全检查和隐患排查，严格实施车辆维修和报废制度，增强突发事件防范和应急能力。规范技术和产品标准，构建服务质量评价指标体系。要高度重视轨道交通的建设、运营安全，强化风险评估与防控，完善轨道交通工程验收和试运营审核及第三方安全评估制度。

（五）规范重大决策程序。

推进城市公共交通重大决策法制化、民主化、公开化。研究出台公共交通优先发展的法规规章，地方人民政府推动配套制订和完善地方性法规，为城市公共交通的资金投入、土地开发、路权优先等扶持政策提供法律保障。规范城市人民政府公共交通重大决策程序，实行线网规划编制公示制度和运营价格听证制度。建立城市公共交通运营成本和服务质量信息公开制度，加强社会监督。

（六）建立绩效评价制度。

加快建立健全城市公共交通发展绩效评价制度，国务院有关部门研究制定评价办法，定期对全国重点城市公共交通发展水平进行绩效评价。各城市要通过公众参与、专家咨询等多种方式，对公共交通企业服务质量和运营安全进行定期评价，结果作为衡量公交企业运营绩效、发放政府补贴的重要依据。

发展城市公共交通，城市人民政府是责任主体，省级人民政府负责监督、指导，国务院有关部门要做好制定宏观发展政策和完善相关法规规章等工作。各级人民政府、各有关部门要按照职责分工，主动协调、密切配合，推动城市公共交通实现又好又快发展。

# 交通运输部关于贯彻落实《国务院关于城市优先发展公共交通的指导意见》的实施意见

(2013年6月14日　交运发〔2013〕368号)

各省、自治区、直辖市、新疆生产建设兵团交通运输厅（局、委），天津市、上海市交通运输和港口管理局：

为深入贯彻落实《国务院关于城市优先发展公共交通的指导意见》（国发〔2012〕64号，以下简称《指导意见》），进一步推进城市公共交通优先发展，充分发挥公共交通对改善城市交通状况、促进经济社会协调和可持续发展的作用，现提出以下若干实施意见：

## 一、总体要求

1. 深刻领会《指导意见》的核心内涵。城市公共交通是为社会公众提供基本出行服务的社会公益性事业和重大民生工程。《指导意见》针对我国城市公共交通发展面临的新形势、新任务，从发展理念、发展原则、发展目标、发展政策和发展机制等方面提出了系统的指导意见，实现了多方面的政策和机制创新，是推动实施城市公共交通优先发展战略的重要纲领。各地要认真学习、深刻领会《指导意见》的精神实质，增强贯彻落实的积极性和主动性。要以科学发展观为指导，以城市人民政府为主体，突出城市公共交通的公益属性，将城市公共交通发展放在城市交通发展的首要位置，进一步实施城市公共交通优先发展战略；要坚持方便群众、综合衔接、绿色发展、因地制宜的原则，在设施用地、投资安排、路权分配、财税扶持等方面对城市公共交通给予优先保障，形成城市公共交通科学发展、优先发展新局面，努力使公共交通成为公众出行首选。

2. 城市公共交通发展的总体目标。到2020年，基本确立城市公共交通在城市交通中的主体地位，安全可靠、经济适用、便捷高效的公共交通服务系统基本形成，较好满足公众基本出行需求。具体体现在：

——公共交通引领城市发展能力显著提升。城市总体规划、控制性详细规划、综合交通规划与城市公共交通规划的衔接更加顺畅，规划落实更加到位。城市公共交通引领城市发展和缓解城市交通拥堵的作用显著增强，以公共交通走廊作为发展主轴、以主要客运枢纽作为发展节点的城市交通发展格局初步形成。

——公共交通服务质量显著提升。公共交通服务覆盖范围不断扩大，线网结构不断优化，换乘更加方便；万人公共交通车辆拥有量大幅提升，车辆装备技术水平显著提高，乘车环境更加舒适；车辆运行速度和准点率明显提高；枢纽场站建设滞后和乘车拥挤状况明显缓解；科技支撑作用显著增强，智能公共交通系统初步建成，运营调度、公众出行信息服务和安全应急管理更加高效；公共交通吸引力明显增强，公共交通出行分担率明显提升，城乡公共交通一体化水平全面提高。到2015年，市区人口300万以上的城市，基本实现中心城区公共交通站点500米全覆盖，万人公共交通车辆拥有量达到15标台以上，城市公共汽（电）车进场率达到60%以上；市区人口100万至300万的城市，基本实现中心城区公共交通站点500米全覆盖，万人公共交通车辆拥有量达到12标台以上，城市公共交通车辆进场率达到50%以上。到2020年，市区人口100万以上的城市，实现中心城区公共交通站点500米全覆盖，万人公共交通车辆拥有量达到16标台以上，城市公共汽（电）车进场率达到70%以上，公共交通占机动化出行比例达到60%左右。市区人口100万以下的城市，参照上述指标和地方实际，确定城市公共交通发展目标。

——公共交通可持续发展能力显著提升。公共交通法规政策和标准规范体系基本建立，优先发展理念深入人心，优先保障政策全面落实，可持续发展机制比较完善，城市交通综合管理稳步推进，社会监督更加到位。公共交通现代企业制度基本建立，行业队伍更加稳定。

二、主要任务

3. 提升规划调控能力。

——加强规划编制。推进城市综合交通规划和城市公共交通规划编制工作，经城市人民政府批准后纳入城市控制性详细规划。结合城市经济社会发展要求和居民出行需要，合理规划建设以公共汽（电）车为主体的地面公共交通系统，包括快速公交系统、现代有轨电车等大容量公共交通系统，优化线网结构、场站布局、换乘枢纽和重要交通节点设置，落实各种公共交通方式的功能分工，加强与步行、自行车等出行方式的协调，完善保障措施。

——强化规划调控。倡导公共交通支撑和引导城市发展的规划模式，加强与有关部门协调，在编制和调整城市总体规划、土地利用总体规划、城市控制性详细规划时，应充分考虑城市公共交通发展和公众出行需要，统筹城市空间布局、功能分区、土地利用和交通需求，科学谋划公共交通发展与城市功能布局，提升公共交通引领城市发展能力。

——推进规划落实。在城市人民政府领导下，建立城市交通运输、发展改革、公安、财政、国土、规划等部门共同参与的公共交通协调机制，明确职责分工，认真组织实施城市公共交通规划。应制定城市公共交通规划年度实施计划，确保规划执行到位。

4. 提升公交基础设施服务能力。

——完善公交基础设施服务网络。推动将城市公共交通枢纽场站（含换乘枢纽、调度中心、停车场、保养场、首末站、停靠站、候车亭等）以及配套服务设施（含步行道、自行车道、公共停车场等）建设，纳入城市旧城改造和新城建设规划，同步实施。积极协调落实公交枢纽场站建设用地，加快公交枢纽场站建设，方便运营调度和公众乘车，提高公共汽（电）车进场率。

——完善公交基础设施投资政策。坚持以各级地方政府为主的原则，加大对公交基础设施的投资力度。对纳入城市公共交通规划范围内的基础设施，城市交通运输主管部门应列入投资建设计划。积极拓宽融资渠道，吸引社会资金参与城市公共交通基础设施建设和运营。

——加强公交基础设施运营管理。健全管理制度，加大监管力度，维护运营秩序，保障运营安全。加强对公共交通枢纽场站及其配套设施的日常养护管理，保持公共交通枢纽场站使用权的稳定，保障正常运营。加强对公交基础设施运营管理人员的职业培训，提升管理效能和服务能力。

5. 提升公共交通服务品质。

——扩大公共交通服务范围。根据公众出行需求特点，适时调整和优化城市公共交通线网结构，提高线网密度和站点覆盖率，方便公众出行。积极推动城市公共交通线路向城市周边延伸；有条件的地区对城市周边农村客运班线实施公交化改造，努力扩大城市公共交通服务广度，增加服务深度。适应公众多样化的出行需求，积极提供通勤班车、社区接驳班车等多品种、多层次的特色公共交通服务。统筹规划城乡客运服务网络和设施建设，促进城乡客运资源共享，不断提高城乡公共交通一体化水平。稳步推进毗邻城市之间距离适中、客流量大的道路客运班线公交化改造，加强与城市公共交通的接驳换乘。完善促进城乡公共交通一体化发展的政策法规体系，明确准入退出、税费支持、补贴补偿、服务监管等方面的管理制度和保障措施；完善城乡公共交通一体化相关的标准规范体系，加快车型选择、安全监管、票制票价等方面标准规范的制修订进程。

——提高换乘便利性。加强城市公共交通与其他交通方式的衔接，推进与城市综合客运枢纽相配套的城市公共交通场站和换乘设施建设，提高换乘效率。推进驻车换乘系统建设，在综合客运枢纽、轨道交通和快速公交系统主要换乘站周边，配套建设小汽车、自行车停车设施，方便换乘，并实行优惠的停车收费价格，鼓励公众选择城市公共交通出行。加强公共交通不同线路间的衔接，完善公交站台换乘条件和换乘票价优惠政策，提高换乘比例。

——提高出行快捷性。结合城市特点，推动城市轨道交通和快速公交系统合理发展，加强轨道交通、快速公交系统与公共汽（电）车的衔接，完善换乘设施，构筑大容量快速城市公共交通系统。市区人口100万以上的城市以及暂不具备建设城市轨道交通条件的城市，应积极推进快速公交系统建设，并逐步形成快速公交网络。力争到2020年，全国快速公交系统线网运营总里程达到5000公里。积极推进城市公共交通优先车道和优先信号系统建设，逐步形成城市公共交通优先通行网络。力争到2020年，全国城市公共交通优先车道总里程达到15000公里。

——提高乘坐舒适性。完善城市公共交通车辆技术标准和规范，提高车辆安全防护技术水平和乘坐舒适性。加快发展安全性能高、乘坐舒适的城市公共交通车辆，推广应用大容量、低地板公交车辆和空调车。完善公交车辆技术准入和维修检测制度，保障城市公交车辆技术状况良好。加快车辆更新改造和升级步伐，加快淘汰安全性能差、排放标准低的老旧车辆。积极推进混合动力、纯电动、天然气等新能源和清洁燃料车辆在公共交通行业的示范和应用，完善支持政策和配套设施，提高低能耗、低排放、清洁燃料等车辆应用比例。积极推广应用无障碍化城市公共交通车辆，完善无障碍设施，方便残疾人乘用。

6. 提升公共交通安全保障能力。

——落实企业安全生产主体责任。城市公共交通企业应加强安全生产管理，健全安全生产管理机构，配备专职安全生产管理人员，完善安全生产责任制，落实车辆、人员、场站、安全应急等方面的安全生产管理制度和标准规范，加大安全经费投入，并定期开展安全检查和隐患排查整治，全面落实企业安全生产主体责任。

——加强应急管理。制定完善应对自然灾害、运营事故、恐怖袭击和公共卫生等突发事件的城市公共交通应急预案，并定期演练。城市公共交通应急预案应涵盖基础设施监控、车辆运行监测、突发事件预警、应急处置程序和措施等。积极推进城市公共交通车辆安装卫星定位和视频监控设施设备，提供实时报警、录像和图像传输等功能，加强对车辆、站台、换乘通道等重点区域的客流监测、运行状态评估、安全预警及信息服务。

——加强安全监管。在城市人民政府领导下，建立有关部门"各司其职、各负其责、齐抓共管"的安全监管机制。完善城市公共交通枢纽场站、车辆等方面的安全标准和安全管理制度。落实监管责任，加大安全投入，定期组织安全检查和隐患排查。高度重视轨道交通运营安全管理。完善轨道交通工程验收和试运营审核制度，不符合试运营基本条件的轨道交通线路，一律不得投入试运营；完善轨道交通第三方安全评估制度，定期组织第三方专业机构开展轨道交通线路运营安全评估，提出改进意见和处置方案，并联合有关部门督促城市轨道交通运营企业整改落实。

——增强公众安全意识。开展社会公众公共交通安全应急知识宣传教育活动，制定公众安全乘车行为规范和公共交通突发事件应急知识手册，组织开展公共交通安全应急知识竞赛、公共交通突发事件应急演练等活动，提高社会公众公共交通安全意识和安全防范能力。

7. 提升公共交通智能化水平。

——加快信息技术应用。按照智能化、综合化、人性化的要求，推进信息技术在城市公共交通运营管理、服务监管和行业管理等方面的应用，提高城市公共交通智能化水平。统一顶层设计，完善信息采集和分析手段，加快建设完善公众出行信息服务系统、车辆运营调度管理系统、安全监控系统和应急处置系统。促进城市公共交通与其他交通方式，以及与城市道路交通管理系统的信息共享和资源整合，努力向公众提供全方位、跨市域的综合交通"一站式"信息服务。到2015年，市区人口300万以上的城市基本建成公众出行信息服务系统、车辆运营调度管理系统、安全监控系统和应急处置系统；到2020年，市区人口100万以上的城市全面建成公众出行信息服务系统、车辆运营调度管理系统、安全监控系统和应急处置系统。

——完善移动支付体系建设。推广普及城市公共交通"一卡通"，完善技术标准，加快建设城市公共交通"一卡通"互联互通平台，推进城市公共交通"一卡通"跨市域、跨省域互联互通工作。到2020年，基本实现跨市域、跨省域的公共交通"一卡通"互联互通。

8. 提升公交企业发展活力。

——落实财税支持政策。推动城市公共交通发展资金纳入城市公共财政体系，并逐步提高城市公共交通投入资金占地方公共财政收入的比例。城市公共交通发展资金重点用于增加大容量公共交通系统、综合客运枢纽、公共交通场站建设以及车辆设备购置和更新的投入。落实《国家税务总局　交通运输部关于城市公交企业购置公共汽电车辆免征车辆购置税有关问题的通知》（国税发〔2012〕61号）要求，免征城市公共交通企业新购置公共汽（电）车的车辆购置税；落实《城乡道路客运成品油价格补助专项资金管理暂行办法》（财建〔2009〕1008号）要求，及时足额发放城市公共交通行业成品油价格补助资金；落实《财政部　国家税务总局关于对城市公交站场道路客运站场免征城镇土地使用税的通知》（财税〔2013〕20号）要求，免征城市公共交通站场城镇土地使用税。落实《中华人民共和国车船税法》规定，推动出台减征或免征城市公共交通车辆车船税的实施政策。已开通运营城市轨道交通的城市，积极推动出台城市轨道交通运营企业电价优惠政策。

——落实公共交通用地综合开发政策。推进城市公共交通设施用地综合开发，对新建城市公共交通设施用地的地上、地下空间，按照市场化原则实施土地综合开发；对现有城市公共交通设施用地，在保障城市公共交通需求的前提下，支持原土地使用者通过依法申请调整土地利用规划，提高容积率，进行立体开发。城市公共交通用地综合开发的收益应专项用于城市公共交通基础设施建设和弥补城市公共交通企业运营亏损。

——规范公交企业管理。城市公共交通企业应完善现代企业管理制度，规范法人治理结构。推进城市公共交通行业改革，建立激励和约束机制，鼓励规模经营、适度竞争，积极推进以服务质量招投标方式配置公共交通资源。城市公共交通企业应建立职工工资收入的正常增长机制，职工收入应充分体现岗位劳动强度和技术要求，与当地经济社会发展水平和社会职工平均工资水平相适应；严格按照国家规定，为职工缴纳各项社会保险，并保障职工正常的休息休假。完善公共交通驾驶员培养渠道，鼓励职业教育院校开设公共交通驾驶员培训专业，提高公共交通驾驶员专业化水平。

9. 推进公交都市创建活动。

——完善工作机制。公交都市创建城市应在城市人民政府领导下，建立由相关部门共同参与的组织协调机制，科学编制公交都市创建工作实施方案，细化建设目标、建设重点、保障措施、投资预算、融资方案、进度安排、有关部门职责分工等内容，并完善在规划、建设、用地、路权、资金等方面的配套支持政策。

——建立创建工作平台。加强对公交都市创建过程的监督管理，建立创建活动情况年度报告制度，定期开展专项监督检查。及时总结创建工作经验，推动出台城市公共交通优先发展的长效支持政策和保障措施。建立公交都市创建城市经验交流机制,在部互联网平台设置"公交都市"创建专栏,促进各创建城市围绕公交都市创建工作经验和创建工作中的热点问题进行深入交流和研讨,共同提高公交都市创建工作成效。

——加大支持力度。通过项目和资金引导,支持创建城市加快建设城市综合客运枢纽、城市智能公交系统、快速公交运行监测系统和加快推广应用清洁能源公交车辆。研究制定创建城市考核评价指标体系,经验收达到规定条件的,部授予"公交都市示范城市"称号。省级交通运输主管部门应参照部公交都市创建工作模式,组织辖区内各城市开展优先发展城市公共交通的相关活动,并对创建活动给予支持。

10. 推进城市交通综合管理。

——合理引导交通需求。根据城市交通供求状况,综合运用法律、经济、行政等手段,有效调控、合理引导个体机动化交通需求。在特大城市可尝试实施不同区域、不同类型停车场差异化收费和建设驻车换乘系统等需求管理措施。大力发展汽车租赁,加快建立汽车租赁管理法规体系,加强市场监管,积极引导汽车租赁企业规模化、网络化、品牌化发展。鼓励规模大、管理好、信誉高的汽车租赁企业依法设立分支机构,建立全国或区域性汽车租赁网络。大力推广出租汽车电话约车服务,加快建设出租汽车服务管理信息系统,制定出台电话约车支持政策和配套管理措施,方便公众乘车,减少出租汽车空驶。

——落实交通影响评价制度。建立城市建设项目交通影响评价制度,对规划建设航空港、铁路客运站、水路客运码头、公路客运站、居住区、商务区等大型建设项目,组织开展交通影响评价,实施交通影响分析、预测和评估,提出预防或减轻交通影响的设计方案、管理措施和公共交通设施配建要求。按照交通影响评价结果,督促建设单位严格落实公共交通配套设施建设标准,并确保配套设施与城市建设项目主体工程同步设计、同步建设、同步验收。

11. 完善票制票价和补贴补偿制度。

——完善公共交通定价和调价机制。综合考虑社会承受能力、企业运营成本、交通供求状况和城市经济社会发展水平等因素,完善价格形成机制,科学制定城市公共交通票价。根据服务质量、乘车距离以及各种公共交通换乘方式等因素,建立多层次、差别化的票制票价体系,推行优质优价。建立城市公共交通票价与企业运营成本和政府补贴的联动机制,根据城市经济发展状况、社会物价水平和劳动工资水平等因素,及时调整城市公共交通票价,逐步改变城市公共交通票价严重背离企业运营成本的状况。

——完善公共财政补贴补偿制度。建立城市公共交通企业成本评估制度、城市公共交通补贴补偿制度,合理界定公共财政补贴补偿范围。对城市公共交通企业执行政府指令的低票价,承担老年人、残疾人、学生等优惠乘车,以及持月票和"一卡通"优惠乘车等方面形成的政策性亏损,建议城市公共财政给予足额补偿;对城市公共交通企业车辆购置更新、技术改造,以及安全监控系统建设、安全设备购置、租赁场站、推进节能减排、经营冷僻线路等增加的成本,争取由城市公共财政予以适当补贴。

**三、保障措施**

12. 加强组织领导。在城市人民政府领导下,建立有关部门共同参与的组织协调机制,将城市公共交通优先发展贯穿到城市规划、建设和社会公共管理的全过程,纳入到保障和改善民生、为民办实事的工作计划。紧密结合当地实际,加快制定贯彻落实《指导意见》、推动城市公共交通优先发展的具体实施意见和行动计划,并组织开展贯彻落实《指导意见》的宣传和监督检查工作。

13. 健全法规标准。积极推动《城市公共交通条例》的立法工作,抓紧制定配套规章,加快完善城市公共交通管理的地方性法规、规章、管理办法或实施细则等,为城市公共交通规划、建设、运营、管理、安全、应急和政策支持提供法制保障。加快完善车辆装备、安全应急、运营服务、智能化、快速公交、考核评价、城乡公共交通一体化等方面的标准规范体系,为促进城市公共交通规范化发展提供基础支撑。

14. 加强绩效评价和服务质量考核。研究制定城市公共交通绩效评价办法和评价指标体系,并定期发布重点城市的公共交通绩效评价结果。制定并落实城市公共交通运营服务标准和考核办法,细化城市公共交通服务质量考核指标体系,定期对城市公共交通企业运营服务质量实施监督考核。将考核结果作为衡量城市公共交通企业运营绩效、发放政府补贴、市场准入与退出的重要依据,促进城市公共交通运营资源向集约化程度高、服务质量好、社会效益显著的企业集中。

15. 加强社会监督。健全城市公共交通重大决策程序,畅通公众诉求渠道,建立公众意见征集和反馈机制,提高公众参与广度和深度,实现公众参与的制度化、常态化。积极推行城市公共交通线网规划编制、线路开通和调整的公示制度和票价听证制度,研究建立城市公共交通企业运营成本和服务质量信息公开制度,接受社会监督。加强城市公共交通行业相关的协会、学会等中介组织的建设和管理,发挥中介组织桥梁纽带作用。转变政府职能,强化中介组织行业自律、协调和服务等职能,将科技推广、人才培训、标准制修订、行业精神文明建设、政策研究等事务性工作委托中介组织开展。

16. 加强公共交通文化建设。积极开展多种形式的群众性公共交通出行文化活动。每年9月下旬,组织开展"公交出行宣传周"活动,广泛动员城市公共交通企业和社会公众积极参与,共同营造"低碳交通、绿色出行"的城市公共交通文化。组织开展城市公交企业和职工优质服务竞赛活动,提高职工服务意识和服务技能,培育爱岗敬业、乐于奉献的城市公交企业文化。认真总结城市公共交通发展历程,深入挖掘和整理行业标志性人物、事件和历史性物品,建设公共交通宣传基地。加强城市公共交通行业精神文明建设,培养和宣传行业文明企业和先进个人。

# 交通运输部关于印发《城市公共交通"十三五"发展纲要》的通知

(2016年7月18日　交运发〔2016〕126号)

各省、自治区、直辖市、新疆生产建设兵团交通运输厅(局、委),部属各单位,部内各司局:

为深入贯彻落实城市公共交通优先发展战略,充分发挥城市公共交通对改善城市交通状况、促进经济社会协调和可持续发展的作用,交通运输部组织编制了《城市公共交通"十三五"发展纲要》。现印发给你们,请结合本地区城市公共交通发展实际,认真贯彻执行。

附件:城市公共交通"十三五"发展纲要

附件

# 城市公共交通"十三五"发展纲要

中华人民共和国交通运输部

二、城市优先发展公共交通

# 前　　言

　　城市公共交通是满足人民群众基本出行需求的社会公益性事业,与人民群众生产生活息息相关,是政府应当提供的基本公共服务和重大民生工程。党中央、国务院高度重视城市公共交通发展,2012年12月,国务院发布《国务院关于城市优先发展公共交通的指导意见》(国发〔2012〕64号),进一步确立了城市公共交通优先发展战略,并提出了一系列优先发展公共交通的重大政策措施。《中华人民共和国国民经济和社会发展第十三个五年规划纲要》明确提出:实行公共交通优先,加快发展城市轨道交通、快速公交等大容量公共交通,鼓励绿色出行。党中央、国务院关于城市公交优先发展的重大战略决策,为城市公交优先发展指明了方向。

　　"十三五"时期是我国全面建成小康社会的决胜阶段,新型城镇化建设快速推进,城市公共交通发展将迎来重要的战略机遇期和攻坚期。为深入贯彻落实城市公共交通优先发展战略,充分发挥城市公共交通对改善城市交通状况、促进经济社会协调和可持续发展的作用,特编制《城市公共交通"十三五"发展纲要》(以下简称《纲要》)。《纲要》在总结"十二五"期城市公共交通发展成绩和主要问题的基础上,分析了"十三五"期面临的新形势和新要求,明确了城市公共交通发展的总体思路、发展目标和重点任务,是"十三五"期推进城市公共交通优先发展的指导性文件。

一、现状与形势

（一）发展基础。

1. 城市公交发展政策体系建设取得新突破。2012 年 12 月，国务院发布《国务院关于城市优先发展公共交通的指导意见》（国发〔2012〕64 号），提出一系列优先发展公共交通的重大政策措施，标志着我国城市公交发展进入了新的历史时期。2013 年，交通运输部出台《交通运输部关于贯彻落实〈国务院关于城市优先发展公共交通的指导意见〉的实施意见》（交运发〔2013〕368 号），明确了落实城市公交优先发展战略的具体举措。推动出台了免征城市公交车辆购置税和场站土地使用税等优惠政策。各地积极贯彻国务院文件精神及部实施意见，60% 以上的中心城市出台了落实城市公共交通优先发展战略的实施意见及政策措施，城市公共交通优先发展由部门行为上升为政府行为，公交优先发展理念逐步得到广泛认同。

2. 城市公交服务保障能力再上新台阶。截至"十二五"末，全国共有城市公共汽电车运营车辆超过 63 万标台，运营线路总长度约 90 万公里，较 2010 年分别增长 38% 和 41%。全国有 25 个城市开通了城市轨道交通线路，城市轨道交通运营线路总长度超过 3200 公里，较 2010 年增长超过一倍。城市快速公共交通系统运营线路总长度超过 3000 公里，较 2010 年增长约六倍。全国共设置公交专用车道超过 8500 公里，较 2010 年增长超过一倍。

3. 城市公交服务质量取得新提升。全国城市公共交通年客运量超过 900 亿人次，比 2010 年增长约 25%。全国城市建成区公交站点 500 米覆盖率已达 85%，公共汽电车中空调车比例超过 50%。城市公共交通智能化调度、动态监控和实时信息服务水平不断提升，定制公交、商务快巴、旅游专线、社区巴士等特色公共交通服务遍地开花，一大批"星级服务"文明线路、"青年文明号"先进班组和模范个人不断涌现。

4. 城市公交行业改革取得新进展。交通运输大部制改革不断深化，各省、自治区、直辖市将指导城市客运的职责整体划入交通运输管理部门。全国 98% 的地级以上城市将公共交通管理职能划归交通运输部门。各地积极探索城市公共交通发展改革，推进运营主体整合和管理模式创新，探索实施城市公共交通服务质量招投标制度、公共财政保障制度、社会满意度调查制度等，有效提升了城市公共交通综合治理能力。

5. 公交都市建设活动得到广泛认可。"十二五"期，交通运输部组织在37个城市开展了公交都市建设示范工程，倡导"公共交通引导城市发展"理念，支持各城市在落实公交优先发展战略、缓解城市交通拥堵等方面先行先试。交通运输部发布了《城市公共交通规划编制指南》，指导各地强化城市公交规划与城市总体规划、城市控制性详细规划的衔接，发挥规划的先导作用。80%以上省会城市和50%以上的地级城市编制完成了城市公共交通发展规划。通过开展公交都市建设，各地优先发展城市公交的政策体系进一步完善，城市公交基础设施、运营保障能力和服务水平稳步提升，并形成了一批可复制、可推广的典型案例。

尽管"十二五"期城市公共交通发展成绩显著，但与我国经济社会发展和人民群众的出行需求相比，城市公共交通发展总体滞后的局面仍没有彻底改变，还存在一些亟待解决的问题。主要体现在：

一是城市公交在城市交通中的主体地位尚未确立，在缓解城市交通拥堵等"城市病"方面的重要作用没有充分发挥。全国多数城市公交机动化出行分担率不足40%，与国外同类城市相比差距较大。二是城市公交供给模式单一、服务质量不高、吸引力不强。"等车时间长、行车速度慢、乘车环境差、换乘不方便"等问题仍然较为突出。三是公交基础设施不足。城市公交枢纽场站、公交专用道等设施建设滞后，制约了城市公交运营调度效率和服务质量提升。四是行业政策制度不完善。行业法规和标准规范建设滞后，公交定价调价机制和补贴补偿制度不健全，公交设施用地综合开发、城市建设项目交通影响评价等重要制度尚未有效落实。五是行业可持续发展能力不足。公交企业经营普遍比较困难，改善服务动力不足，职工待遇低，队伍不稳定。

（二）形势要求。

1. 适应人民群众基本出行需要，城市公交应加强供给侧结构性改革。据测算，"十三五"末全国城市公交年出行总量将达1200亿人次左右。同时，城市交通出行结构和运行方式发生了显著变化，出行需求将更趋多元化和个性化，客观上要求城市公交在持续提升保障能力的基础上，进一步加强供给侧改革，优化供给结构，提升服务针对性和精准性，实现量质并举、全面发展。

2. 适应新型城镇化建设需要，城市公交应发挥好导向作用。"十三五"期，是新型城镇化建设的加速时期。《国家新型城镇化规划（2014—2020年）》明确，"城市发展模式科学合理。密度较高、功能混用和公交导向的集约紧凑型模式成为主导"。为适应新型城镇化建设需要，必须加快建立公交导向的城市发展模式，改变城市公交被动追随城市发展的局面。

3. 适应城市交通科学发展需要，城市公交应发挥好主体作用。我国城市人口总量大，居住密度高、土地资源匮乏，同时私人小汽车以年均20%以上的速度增长，城市交通拥堵状况日益严重。国内外经验和实践证明，城市公交具有容量大、效率高、能耗少、污染小的比较优势。缓解城市交通拥堵、推进城市交通科学发展，要求充分发挥公共交通的主体作用，大力发展低碳、高效、大容量的公共交通系统。

4. 适应城乡公共服务均等化建设需要，城市公交应发挥好带动作用。建设资源共享、相互衔接、布局合理、方便快捷的城乡客运一体化服务网络，是推进城乡客运基本公共服务均等化的重要依托。城市公交作为居民出行的最主要、最基本方式，应当发挥以城带乡作用，通过将公交服务逐步延伸到城市周边或市域，不断提升公交服务的广度和深度，全力带动城乡客运资源融合、服务衔接。

二、总体思路

（一）指导思想。

紧紧围绕全面建成小康社会的奋斗目标，牢固树立"创新、协调、绿色、开放、共享"的发展理念，深入贯彻落实公交优先发展战略，以公交都市建设为抓手，以改革创新为动力，全力推进城市公交体制机制改革和供给侧结构性改革，加快提升城市公交引导城市发展能力、服务保障能力、可持续发展能力和综合治理能力，努力打造高效便捷、安全舒适、经济可靠、绿色低碳的城市公交系统，不断满足人民群众基本出行需要，实现好、维护好、发展好人民群众的基本出行权益。

（二）基本原则。

——以人为本，提质增效。坚持以公交优先促进公交优秀，不断提高城市公交的吸引力与竞争力，让公众主动优选城市公交出行；坚持绿色发展、安全发展、共享发展，有效发挥科技支撑作用，努力提升城市公交系统的供给能力、服务质量和综合效能，缓解城市交通拥堵和资源环境压力。

——政府主导，市场运作。坚持城市公交的公益属性，落实城市公交资源配置、服务质量监管、票制票价制定及调整等政府主导责任；落实城市公交服务提供、安全生产、成本控制等企业主体责任，鼓励企业规模经营、适度竞争。推动城市公交基础设施建设、维护与运营市场化改革。

——规划引导，统筹发展。科学编制城市公交规划，加强城市公交规划与城市总体规划和控制性详细规划的衔接，充分发挥城市公交对城市发展的引导作用。坚持以城带乡，统筹规划城乡及都市圈、城市群公交发展。

——深化改革，依法治理。加快行业管理体制机制改革，推进城市公交票制票价、政府购买服务、用地综合开发等关键制度创新。完善行业综合治理体系，加强行业法规政策和标准规范体系建设，发挥中介组织作用，畅通社会监督渠道。

——因地制宜，分类指导。引导各地结合城市规模、经济发展水平、资源环境条件、自然地理特点等因素，因地制宜选择城市交通出行结构和公交发展模式。指导各地按照不同类型城市对城市公交出行需求的差异，分类确定发展目标、发展重点和发展政策。

（三）发展目标。

1. 发展愿景。

城市公共交通发展的愿景是，全面建成适应经济社会发展和公众出行需要，与我国城市功能和城市形象相匹配的现代化城市公共交通体系。主要体现在：

——群众出行满意。实现城乡客运基本公共服务均等化，群众出行更加高效便捷、安全舒适、经济可靠、绿色低碳，公共交通成为群众出行的优先选择。

——行业发展可持续。实现城市公交综合治理体系和治理能力现代化；城市公交对城市空间结构和功能布局的引导作用充分发挥，成为城市交通的主体，实现城市公共资源利用效率与城市交通承载力的科学匹配；公交企业实现规模化、集约化发展，更具活力和竞争力，公交职工具有强烈的职业荣誉感和行业归属感。

2. 具体目标。

到 2020 年，初步建成适应全面建成小康社会需求的现代化城市公共交通体系。城市公交行业体制机制改革深入推进，政府购买城市公交服务等重点领域的制度建设和落实取得实质进展；行业发展活力和可持续发展能力显著增强；城市公交供给侧改革取得突破，服务针对性和精准性显著提升，优选公交成为出行习惯，广大群众出行更安全、更高效、更舒适、更便捷。

根据不同人口规模对城市进行分类，按照"数据可采集、同类可比较、群众可感知"原则，分别提出"十三五"期各类城市公交发展指标（见下表，相关指标说明详见附件）。

**"十三五"期各类城市公交发展指标表**

| | 城区常住人口500万以上 | 城区常住人口300万~500万 | 城区常住人口100万~300万 | 城区常住人口100万以下 |
|---|---|---|---|---|
| 城市公共交通出行分担率（城市公共交通机动化出行分担率） | 40%以上（60%左右） | 30%以上（60%左右） | 30%以上 | 20%以上 |
| 城市交通绿色出行分担率 | 75%左右 | 80%左右 | 80%左右 | 85%左右 |

续上表

| | 城区常住人口 500万以上 | 城区常住人口 300万~500万 | 城区常住人口 100万~300万 | 城区常住人口 100万以下 |
|---|---|---|---|---|
| 城市公共交通乘客满意度 | 85%以上 | 85%以上 | 85%以上 | 85%以上 |
| 城市公共交通站点500米覆盖率 | 100% | 100% | 100% | 80%以上 |
| 城市公共交通站点300米覆盖率 | 80%以上 | 70%以上 | — | — |
| 城市公共汽电车正点率 | 75%以上 | 75%以上 | 80%以上 | 85%以上 |
| 城市公共汽电车责任事故死亡率 | 不超过0.04人/百万车公里 | 不超过0.04人/百万车公里 | 不超过0.04人/百万车公里 | 不超过0.05人/百万车公里 |
| 城市轨道交通责任事故死亡率 | 不超过0.01人/百万车公里 | 不超过0.01人/百万车公里 | 不超过0.01人/百万车公里 | — |
| 城市公共交通来车信息预报服务 | 建成区内全覆盖 | 建成区内基本全覆盖 | 主要客运通道全覆盖 | 主要客运通道基本全覆盖 |

### 三、全面推进公交都市建设

（一）建立城市公交引导城市发展新机制。全面推进公交都市建设，引导建立城市公共交通规划与城市总体规划全过程的协同工作机制，增强城市公交对城市发展的引导作用。加快建立健全多部门共同参与的城市公共交通规划协调和落实机制，以城市公交"一张网"的理念，对城市轨道交通和公共汽电车进行统一规划、统筹建设和运营管理，确保相互衔接、协同服务。

（二）总结推广公交都市建设工作经验。总结公交都市在城市公交规划、建设、运营、管理等方面的成功案例和经验，并通过编制发放案例资料、组织交流宣讲等方式，在全国范围内推广应用，实现公交优先发展分类推进、共同提升。

（三）丰富公交都市建设内涵。围绕规划引领、智能公交、快速通勤、综合衔接、绿色出行和都市圈交通一体化等方面，重点面向地市级城市，兼顾城市群和都市圈发展，分主题、分类型进行建设。

> **公交都市建设专项行动**
>
> 1. 扩大建设范围。"十三五"期，在地市级以上城市，全面推进公交都市建设专项行动，交通运输部对各公交都市建设城市内符合条件的综合客运枢纽建设给予支持。通过5年左右的建设，实现中心城区500米上车，城市交通绿色出行比例达到75%以上。
>
> 2. 新能源城市公交车推广应用。指导各公交都市建设城市按照"统筹规划、分步实施"的原则，编制新能源城市公交车推广应用实施方案。创新推广应用模式，鼓励"融资租赁"、"车电分离"和"以租代售"等多种运营模式先行先试，分类推广。到2020年，公交都市建设城市新能源公交车比例不低于35%。
>
> 3. "互联网+城市公交"发展。指导各公交都市建设城市编制"互联网+城市公交"行动计划，推动利用互联网整合城市公交运输资源，发展定制公交等新型服务模式，提供丰富的公众出行信息服务，并通过大数据采集和分析为公交规划、决策及运营管理等方面提供支撑。

**四、深化城市公交行业体制机制改革**

（一）推进城市公交管理体制改革。深化行业管理体制改革，推动建立规划、建设、运营、管理一体化的城市公交管理体制；完善城市公交发展跨部门协调机制，形成综合协调、运转高效的工作机制。在城市群、都市圈范围内探索建立跨行政区域的公交发展协调机制。

（二）推进城市公交企业改革。结合国有企业分类改革，按照"规模经营、适度竞争"原则，适度整合城市公交经营主体；完善现代企业制度和国有资产管理体制，提高城市公交服务效率和能力；引入市场机制，提高城市公交服务效率和能力；强化监督，建立健全权责对等、运转协调、有效制衡的决策执行监督机制；鼓励城市公交企业适度开展与运输服务主业相关的其他经营业务，改善企业财务状况。

（三）建立政府购买城市公交服务机制。在城市公交领域建立政府购买服务制度，指导各地科学制定与公众基本出行需求及公共财政保障能力相适应的城市公交服务购买方案，并依法采取特许经营等方式确定经营主体。制定并落实城市公交服务质量考评标准，指导各城市定期考核城市公交企业服务质量，并将考核结果作为衡量城市公交企业运营绩效、发放财政补贴、实施市场准入与退出的重要依据。

（四）建立票制票价制定和调节机制。制定城市公交企业运营成本核算规范，建立城市公交成本票价制度。依据城市公交成本票价，并综合考虑城市居民生活水平、公共财政能力、企业可持续发展等因素，确定合理的城市公交票制和执行票价。建立城市公交票价动态调节机制，基于劳动力成本、燃料价格等影响因素的变化，及时测算、调整城市公交成本票价和执行票价。对执行票价低于成本票价的部分，建立完善公共财政补贴机制。会同价格、财政、审计等部门建立城市公交成本费用监审制度，对城市公交企业成本和费用进行评审，合理界定和核算盈亏，为财政补贴补偿提供必要依据。

（五）健全公共交通用地综合开发政策落实机制。细化城市公交用地综合开发政策，优先满足和节约集约利用城市公交用地。推动城市公交枢纽周边和城市轨道交通、快速公共交通系统等城市公交走廊沿线土地的综合开发利用，促进城市公交与周边区域协同发展。建立健全城市公交用地综合开发增值效益反哺机制，保障用地综合开发收益用于城市公交基础设施建设和弥补运营亏损。

> **案例1：香港"地铁+物业"的土地综合开发模式**
> 
> 香港政府在地铁场站上或周围划出一定面积的土地，协议出让给地铁公司，与地铁场站同步规划、设计与实施。地铁公司按未建设地铁时的市场估价向政府缴纳地租，并公开招标确定房地产合作开发商。在1975—1986年建设的3条地铁线上，香港地铁公司开发了18处房地产，收益约14亿港元，约占地铁建设总成本的16%。

**五、全面提升城市公交服务品质**

（一）提升公交出行快捷性。一是构建城市公交快速通勤系统。加快推进城市轨道交通建设，根据客流需求选择合适的城市轨道交通制式，鼓励采用政府和社会资本合作（PPP）投融资模式进行建设和运营管理。按照公交专用道设置条件等国家标准要求，合理制定并有效落实公交专用道规划，推动公交专用道连续、成网。到 2020 年，城区常住人口 300 万以上的城市基本建成公交专用道网络，与城市轨道交通、快速公共交通系统等共同构成城市快速通勤系统。二是推进都市圈、城市群快速通勤系统建设。都市圈内快速通勤系统以市郊铁路为主体，城市群内快速通勤系统以城际轨道交通为主体。加快推进城际轨道交通建设，在长三角、珠三角、京津冀、长江中游、成渝、中原等主要城市群形成以城际轨道交通网络为主骨架的城际客运快速通勤系统。

（二）扩大公交服务广度和深度。科学规划、调整城市公交线网，加强城市轨道交通、公共汽电车等多种方式网络的融合衔接，扩大线网覆盖范围；在提高城市公交站点覆盖率的基础上，提升公共交通网络通达深度，并合理提高发车频率，适当延长城市公交运营时间。有条件的城市，逐步将城市公交线路向城市郊区或全域延伸，提升城乡客运基本公共服务均等化水平。

（三）完善多元化公交服务网络。不断推进城市公共交通供给侧改革，丰富城市公交服务形式，鼓励开行大站快车、区间车等多种运营组织形式，积极发展商务班车、定制公交、社区公交、旅游专线等多种形式的特色服务，更好满足上班、上学、就医、旅游、购物等多样化出行需求。完善城市慢行交通出行环境，引导群众选择自行车和步行等绿色交通方式出行。

> **案例 2：定制公交服务快速发展**
> 定制公交是根据乘客特殊需求设定的线路，采用"一人一座、一站直达"的公共交通服务模式，以多人共同乘用交通工具的形式，为相对处于相同区域、具有相同出行时间和相同出行需求的人群量身定做的公共交通服务。目前，北京、天津、哈尔滨、济南、青岛、西安、成都、深圳、大连、厦门、福州和泉州等城市相继开通了定制公交线路，开创了城市公交差异化服务的新局面。

（四）提升公交出行便利性。加强城市公交与城市对外运输方式在基础设施、运营管理和信息服务等方面的衔接，优化乘客换乘条件，提升城市公交集疏运效能和换乘便利性。加快城市综合客运枢纽建设，促进城市各种运输方式客运枢纽场站的统一规划、统一设计、统筹建设、统一管理。建立城市公共汽电车枢纽场站配建机制和规范，引导大型公共活动场所、居民区合理配建相适应的城市公共汽电车枢纽场站设施，方便群众就近乘车。引导在城乡接合部的轨道交通主要站点建设停车换乘系统，引导群众放下小汽车换乘城市公交进城。

> **案例3：城市公交基础设施建设模式不断创新**
> 
> 　　哈尔滨市颁布了《城市公交基础设施规划建设使用管理办法》（市政府4号令）和《城市公交基础设施规划建设管理规定》，通过市场化运作机制，将公交首末站用地和投资统一纳入新建小区建设规划，同步设计、同步实施。合肥市采用"建设－运营分离"模式，政府负责公交场站投资及建设，并移交城市公交企业使用。

（五）提升公交出行舒适性。加大城市公交运力投放，科学配置运力，科学提升城市轨道交通发车频率。合理控制高峰时段车辆满载率，提高空调车比例，让公众乘车更舒适。积极推广应用无障碍化城市公交车辆，完善无障碍设施，方便残疾人乘用。落实扶持政策，加快推进新能源和清洁能源车辆推广应用，科学规划建设充换电站、加气站等配套设施，落实对新能源公交车运营补贴政策。

（六）提升公交出行安全性。一是落实城市公交企业安全生产主体责任。指导城市公交企业健全安全生产管理机构，加大安全经费保障，深入推进安全生产标准化建设，加强对所属驾驶员、公交车辆和场站的动态管理，落实企业安全生产主体责任。二是提升城市公交安全防范和应急处置能力。指导各地建立源头管理、动态监控和应急处置相结合的安全防范体系；制定城市公交应急预案编制规范，指导各地加快建立统一管理、多网联动、快速响应、处置高效的城市公交应急反应系统。三是提升城市轨道交通运营安全监管能力。建立分级管理和互联互通的城市轨道交通运营安全监管体系和平台，实现城市轨道交通运营安全管理"上下联动、协同发展、信息共享、监管有力"；建立完善城市轨道交通从业人员培训考核管理、关键设备设施运营技术条件准入、试运营基本条件评审、第三方运营安全评估、运营统计分析等制度，夯实安全基础。

### 六、建设与移动互联网深度融合的智能公交系统

（一）建设城市公交智能化应用系统。深化城市公交智能化应用示范工程，加快推进城市公交信息资源的深度开发和综合利用，为管理部门和运营企业科学决策提供支撑。到2020年，城区常住人口100万以上的城市全面建成城市公共交通运营调度管理系统、安全监控系统、应急处置系统。建设全面、可感知的城市公交数据采集体系，完善信息统计上报制度，加快建立部、省、市联动的城市公交数据资源交换体系与机制，建设部级城市公交数据库和城市公交发展水平绩效评价系统，实现对全国重点城市公交发展水平的定期评价。鼓励以中心城市为节点集中建设区域级公交智能调度与服务云平台系统。

（二）推进"互联网+城市公交"发展。充分利用社会资源和企业力量，大力推进大数据、云计算、移动互联网技术在城市公交出行信息服务领域的广泛应用，推动具有城市公交便捷出行引导的智慧型综合出行信息服务系统建设，向公众提供全链条、全方式、跨区域的综合交通"一站式"信息服务。大力推广城市公交一卡通、移动支付、电子客票等技术在城市公交领域的应用，更好地实现统一便捷支付。鼓励和规范移动互联网技术在个性化公交服务中的推广应用，推进多元化公交服务网络建设。研究制定城市交通运行状况评价规范，充分利用移动互联网技术加强对城市交通运行状况监测、分析和预判，定期发布重点城市公共交通运行指数。

### 七、缓解城市交通拥堵

（一）合理选择交通疏导措施。充分考虑城市人口规模、地理形态、空间布局和交通发展阶段的差异性，引导各地依法建立以经济手段为主、行政手段为辅的差异化交通拥堵治理措施。依据城市交通状况，适时研究推进城市交通拥堵收费政策。加强出租汽车运营调度和管理，充分利用移动互联技术，有效降低出租汽车空驶率。谨慎采取机动车限购、限行的"两限"政策，避免"两限"政策常态化；已经实行的城市，适时研究建立必要的配套政策或替代措施。

## 二、城市优先发展公共交通

> **案例4：浙江省建立"未堵先治"三级联动机制**
>
> 2013年，浙江省将治理城市交通拥堵列为省政府为民办实事之首，写入省政府工作报告，提出了"未堵先治"的理念，全省同步开展城市交通拥堵治理。省、市、县（市、区）政府均成立了治理城市交通拥堵工作领导小组，形成了条块结合、三级联动的良好态势。每年省政府向各市下达"年度治理城市交通拥堵工作任务书"，并对各市城市交通拥堵治理工作进行专项考核。根据考核结果，给予相应奖惩，并向社会公布。

（二）改善慢行交通出行环境。构建"安全、公平、便捷、连续、舒适、优美"的步行、自行车等慢行交通系统，引导公众选择绿色方式出行。因地制宜编制城市公共自行车交通系统专项规划，明确城市公共自行车的发展定位、设施网络、运营模式和保障机制。科学建设城市公共自行车道及停放设施，在城市公交场站、商业办公场所和社区等提供充足、便捷的城市公共自行车停车位。完善城市公共自行车运营服务机制，建立城市公共自行车智能调度系统。

> **案例5：公共自行车与公共交通无缝衔接**
>
> 巴黎积极推广建设公共自行车系统，首批投放了1万多辆自行车，设立了750个租车站，至2007年底已有2.06万辆自行车散布在全市1450个租车站，平均每200米就设置一个联网租车站，使用者可以方便租赁，使用完毕后在所有联网租车站均可归还。同时，巴黎市在铁路站点附近均配建了小汽车和自行车停车场站，实现与公共交通网络的无缝衔接。

（三）加强城市静态交通管理。科学规划建设停车设施，支持对中心城区实行分区域、分时段、分标准的差别化停车收费政策。对道路供需矛盾突出、城市公交相对发达的区域，可适当限制停车位供给，并推行时间累进制停车费率政策；对停车换乘枢纽停车场免费或低收费，鼓励群众换乘城市公交进入中心城区。

（四）落实城市建设项目交通影响评价制度。对规划建设航空港、铁路客运站、水路客运码头、公路客运站、居住区、商务区等大型建设项目，组织开展交通影响评价。督促建设单位严格落实城市公交配套设施建设标准，并确保配套设施与城市建设项目主体工程同步设计、同步建设、同步验收、同步使用。

**八、保障措施**

（一）加快城市公交法规标准建设。逐步形成以行政法规为龙头、以部颁规章为基础、以地方立法为支撑的法规体系，为城市公交规划、建设、运营、管理、安全和政策扶持等提供法制保障。加强对地方城市公交立法工作的指导，鼓励各地在立法权限内积极制定出台符合当地实际的城市公交法规和规章。加快推进运营服务、设施设备、城市轨道交通运营安全、信息化等城市客运行业发展急需标准的制修订工作。加强城市客运标准化宣贯和培训力度，完善标准监督实施机制。

（二）制定和落实城市公交财税扶持政策。通过示范工程等方式，完善相关政策，加大对综合客运枢纽、信息化建设等项目的支持力度。各地交通运输部门要在本级政府的统一领导下，争取有关部门支持，研究制定城市公交投资政策和财政保障制度，争取将城市公交投入作为改善民生工程支出，纳入公共财政支出范围，并探索建立城市公交基础设施建设与地区经济社会协同发展。对公交都市建设城市，各有关省份和城市交通运输主管部门应当将城市公交重要基础设施建设项目纳入交通固定资产投资计划。

---

**案例6：美国保障城市公交资金投入的做法**

美国于1962年在联邦政府"高速公路信托基金"下设立公交账户，专项用于城市公交基础设施建设和运营补贴。1991年，联邦政府进一步增加资金来源，并将使用范围拓展到提升城市公交节能、安全和综合运输效能等方面。2013年美国公共交通总投资（含资本投资和运营投资）612.6亿美元。其中，联邦政府投资106.1亿美元，占比17%。

## 二、城市优先发展公共交通

（三）优化城市公交从业人员政策环境。建立平等公开和竞争择优的制度环境，加强城市公交人才建设与培养，提升管理人员素质。加强公共交通从业人员职业教育，拓宽培养途径，在职业院校、技工学校等建立城市公交驾驶员订单式培养机制。引导城市公交企业加快完善职工工资体系，并建立与当地社会平均工资水平相适应的收入正常增长机制。

附件

# 城市公交"十三五"发展指标说明

1. 城市公共交通出行分担率（城市公共交通机动化出行分担率）。

（1）指标定义：城市公共交通出行分担率为统计期内，中心城区居民选择城市公共交通的出行量与全方式出行总量之比。城市公共交通机动化出行分担率为统计期内，中心城区居民选择城市公共交通的机动化出行量与机动化出行总量之比。（单位:%）

（2）计算方法：

$$城市公共交通出行分担率 = \frac{城市公共交通出行量}{全方式出行总量} \times 100\%$$

$$城市公共交通机动化出行分担率 = \frac{城市公共交通出行量}{机动化出行总量} \times 100\%$$

其中，城市公共交通出行量包括采用公共汽电车、轨道交通、城市轮渡等（不含出租汽车）交通方式的出行量；全方式出行总量为城市内各类交通方式出行量之和；机动化出行总量是指使用公共汽电车、轨道交通、城市轮渡、小汽车、出租汽车、摩托车、通勤班车、公务车、校车等各种以动力装置驱动或者牵引的交通工具的出行量。

2. 城市交通绿色出行分担率。

（1）指标定义：统计期内，中心城区城市公共交通、自行车、步行等绿色出行量与全方式出行总量之比。单位:%

（2）计算方法：

$$城市交通绿色出行分担率 = \frac{城市公共交通出行量 + 自行车出行量 + 步行出行量}{全方式出行总量} \times 100\%$$

3. 城市公共交通乘客满意度。

（1）指标定义：统计期内，城市公共交通服务质量乘客满意度调查有效调查问卷的平均得分率。（单位:%）

（2）计算方法：

$$城市公共交通乘客满意度 = \frac{\Sigma 单份有效调查问卷得分}{有效调查问卷总数 \times 100} \times 100\%$$

其中：

单份有效调查问卷得分 = Σ（单项调查内容得分×调查内容权重）

问卷调查内容包括候车时间长度、换乘便捷度、服务态度、出行信息服务、乘车舒适度、候车环境、车内卫生环境等。

4. 城市公共交通站点500米覆盖率。

（1）指标定义：统计期内，中心城区的建成区内城市公共交通站点500米半径覆盖面积与中心城区的建成区面积之比。（单位:%）

（2）计算方法：

$$城市公共交通站点500米覆盖率 = \frac{城市公共交通站点500米半径覆盖面积}{中心城区的建成区面积} \times 100\%$$

其中，城市公共交通站点包括公共汽电车站点和轨道交通站点，轨道交通站点位置按照进出站口位置计算。

5. 城市公共交通站点300米覆盖率。

（1）指标定义：统计期内，中心城区的建成区内城市公共交通站点300米半径覆盖面积与中心城区的建成区面积之比。（单位:%）

（2）计算方法：

$$城市公共交通站点300米覆盖率 = \frac{城市公共交通站点300米半径覆盖面积}{中心城区的建成区面积} \times 100\%$$

其中，城市公共交通站点包括公共汽电车站点和轨道交通站点，轨道交通站点位置按照进出站口位置计算。

6. 城市公共汽电车正点率。

（1）指标定义：统计期内，城市公共汽电车始发到站正点班次与计划班次之比。（单位:%）

（2）计算方法：

$$城市公共汽电车正点率 = \frac{\Sigma（始发正点班次 + 末站到站正点班次）}{\Sigma（计划发车班次 \times 2）} \times 100\%$$

7. 城市公共汽电车责任事故死亡率。

（1）指标定义：统计期内，城市公共汽电车每行驶相应里程发生的同等及以上责任的交通事故死亡人数。（单位：人/百万车公里）

（2）计算方法：

$$城市公共汽电车责任事故死亡率 = \frac{城市公共汽电车责任事故死亡人数}{城市公共汽电车运营总里程}$$

8. 城市轨道交通责任事故死亡率。

（1）指标定义：统计期内，城市轨道交通每行驶相应里程发生的同等及以上责任的交通事故死亡人数。（单位：人/百万车公里）

（2）计算方法：

$$城市轨道交通责任事故死亡率 = \frac{城市轨道交通责任事故死亡人数}{城市轨道交通运营总里程}$$

9. 城市公共交通来车信息预报服务。

指标定义：统计期内，通过电子站牌、手机、网站等各种智能化方式，提供来车信息实时预报服务的城市公共交通线路覆盖情况。

# 交通运输部　国家发展改革委　公安部　财政部　国土资源部　住房城乡建设部　农业部　商务部　供销合作总社　国家邮政局　国务院扶贫办关于稳步推进城乡交通运输一体化提升公共服务水平的指导意见

（2016年11月9日　交运发〔2016〕184号）

各省、自治区、直辖市、新疆生产建设兵团交通运输厅（局、委），发展改革委，公安厅（局），财政厅（局），国土资源厅（局），住房城乡建设厅（委），农业（农牧、农村经济）厅（局、委、办），商务厅（局），供销合作社，邮政管理局，扶贫办（局）：

　　推进城乡交通运输一体化、提升公共服务水平是加快城乡统筹协调、缩小区域发展差距、实现精准扶贫脱贫的迫切要求，是推进新型城镇化建设和实现全面建成小康社会的重要内容。为贯彻落实《国民经济和社会发展第十三个五年规划纲要》关于推动城乡协调发展的部署要求，加快推进城乡交通运输一体化，提升公共服务水平，更好地满足人民群众出行和城乡经济社会发展需要，现提出以下意见。

## 一、总体要求

（一）指导思想。

全面贯彻党的十八大和十八届三中、四中、五中全会精神，落实中央扶贫开发工作会议、中央城市工作会议以及中央农村工作会议相关部署，牢固树立和贯彻落实创新、协调、绿色、开放、共享的发展理念，以完善城乡交通基础设施、推进城乡交通运输协调发展、实现基本公共服务均等化为目标，坚持"城乡统筹、资源共享、路运并举、客货兼顾、运邮结合"，补齐城乡交通运输发展短板，加快交通基础设施建设，推进供给侧结构性改革，完善管理体制机制和政策保障体系，提升服务质量和水平，引领和支撑城乡经济协调发展，让人民群众共享交通运输改革发展成果。

(二）基本原则。

政府引导、市场运作。城乡交通运输具有很强的社会公益属性，要发挥政府引导作用，充分调动各方积极性，鼓励社会参与，激发市场活力。对于农村客运（含渡运）、农村通邮、城市公交（含城市轮渡）等公共服务领域，要加强政府主导，加大财政投入和政策支持力度。

以人为本、优化供给。立足保基本、补短板、兜底线，方便出行、安全第一、服务优质，逐步缩小城乡差距和地区差异，全面满足城乡交通运输公共服务需求，让人民群众有更多获得感。

统筹协调、资源整合。统筹城乡、区域之间交通运输协调发展，加快推进城乡交通基础设施的衔接和城乡交通运输服务的一体化建设。推动城乡交通运输与供销、旅游、电商等资源共享，实现优势互补和融合发展。

因地制宜、分类指导。综合考虑经济社会发展水平、不同特点分类指导，鼓励各地先行先试，探索形成不同类型、可复制可推广的城乡交通运输一体化发展模式及实施途径。

（三）发展目标。

到2020年，城乡交通运输服务体系基本建立，城乡交通基础设施网络结构优化并有效衔接，公共服务水平显著提升，城乡交通运输一体化格局基本形成，社会公众认可度和满意度显著增强，更好地满足城乡经济社会发展需要。主要目标是实现"八个100%"：具备条件的乡镇和建制村通硬化路率达到100%；具备条件的乡镇和建制村通客车比例达到100%；城市建成区路网密度和道路面积率符合要求比例达到100%；中心城市公交站点500米覆盖率达到100%；500人以上岛屿通航比例达到100%；建制村直接通邮比例达到100%；具备条件的乡镇快递服务网点覆盖率达到100%，具备条件的建制村通快递比例达到100%。

二、加快推进城乡交通运输基础设施一体化建设

（四）加强城乡交通运输规划衔接。立足城乡统筹发展，统筹规划城乡交通基础设施、客运、货运物流、邮政快递等内容，加强城乡交通基础设施衔接，整合城乡综合交通运输资源，完善优化运输网络，提升城乡交通运输公共服务水平。建立规划衔接协调机制，实现与经济社会发展规

## 二、城市优先发展公共交通

划、城乡规划、土地利用规划统筹衔接。强化规划调控力度,确保规划执行到位。

(五)加快城市交通基础设施建设。建设快速路、主次干路和支路级配合理的城市道路网系统,城市建成区平均路网密度和道路面积率符合国家有关标准;打通阻碍城乡一体化衔接的"断头路",提高道路通达性。加强自行车道和步行道系统建设,改善步行和自行车交通出行条件。符合条件的城市要加快轨道交通建设,发挥地铁等作为公共交通的骨干作用。

(六)加快城乡交通基础路网建设。建设外通内联的城乡交通骨干通道,加强城市道路、干线公路、农村公路、渡口码头之间的衔接,强化市县乡村之间的交通联系。大力推进"四好农村路"建设,促进农村公路建管养运一体化发展。实施百万公里农村公路工程,加快实现所有具备条件的乡镇和建制村通硬化路。加快推进公路安全生命防护工程实施,进一步加强农村公路危桥改造,建设适宜的农村渡河桥。对不满足安全通行要求的窄路基路面公路要实施加宽改造。完善交通标志标线,建立配套管理机制。加强城乡道路建设与市政工程设施的协调。综合考虑群众实际需求、建设条件、安全运营等因素,分类推进撤渡建桥、撤渡修路、撤渡并渡。加强公路路域环境综合治理,推进城市道路、干线公路临近城区路段改造,缓解进出城市交通拥堵。

(七)加快城乡水运设施建设。加快建设有市场需求的内河客运码头、乡镇渡口和城乡便民停靠点。加快推进渡口标准化建设和改造,完善渡口设施设备和标志标识,促进渡口建管养一体化。改善海岛交通基础设施,加快陆岛交通码头建设。

(八)加快完善城乡运输站场体系建设。科学规划和建设标准适宜、经济实用的农村客货运站点,并保障建设用地。农村客运站点应与农村公路同步规划、同步设计、同步建设和同步交付使用。加强既有客运站点的升级改造和功能完善。鼓励客运站与城市公交站点有序衔接和融合建设,推进公交停靠站向道路客运班线车辆开放共享,方便客车乘员下车换乘。完善相关配套政策,鼓励和支持农村客货运站场用地依法立体开发使用。

### 三、加快推进城乡客运服务一体化建设

（九）完善城乡客运服务网络。加快建立完善综合运输网络体系，实现城乡道路客运与铁路客运、机场、码头的一体化换乘和衔接。统筹协调城市公共交通、城际客运和农村客运发展，采取不同模式提高建制村通客车率，提高城乡客运网络的覆盖广度、深度和服务水平，确保人民群众"行有所乘"。贯彻落实公交优先发展战略，稳步拓展城市公共交通服务网络。对于重点乡镇及道路通行条件良好的农村地区，鼓励通过城市公交线网延伸或客运班线公交化改造，提升标准化、规范化服务能力。采用公交化运营的客运班线，经当地政府组织评估后，符合要求的可使用未设置乘客站立区的公共汽车。对于出行需求较小且相对分散的偏远地区，鼓励开展预约、定制式等个性化客运服务。

（十）推进城乡客运结构调整。加快整合城乡客运资源，鼓励开展区域经营，积极培育骨干龙头客运企业，鼓励整合分散的农村客运经营主体。引导农村客运班线采取区域经营、循环运行、设置临时发车点等灵活方式运营。规范城乡客运经营服务行为，强化服务质量监管和社会监督，提升运营服务品质，打造城乡客运服务品牌。

（十一）完善城乡客运价格形成机制。综合考虑社会承受能力、财政保障水平、企业运营成本、运输产品服务质量差异、交通供求和竞争状况等因素，完善城乡客运价格形成机制，合理确定票制票价，建立多层次、差异化的价格体系，更好满足城乡居民出行需求。

（十二）提升乡村旅游交通保障能力。加大交通运输支持乡村旅游发展力度，积极拓展"运游一体"服务。加快改善农村特色产业、休闲农业和乡村旅游等的交通条件，进一步提升交通服务旅游的保障能力。积极支持传统村落、休闲农业聚集村、休闲农园、特色景观旅游名村、"农家乐"等乡村特色旅游区域开通乡村旅游客运线路。加快农村旅游景区、人口密集区域的停车场、充电桩等基础设施建设。

（十三）保障城乡交通运输安全。发挥县乡人民政府的组织领导作用，健全农村交通安全防控网络，大力推进乡镇交管站（办）、农村交通安全劝导站和乡镇交通安全员、农村交通安全劝导员建设、培训，切实履行好

安全监管、监督责任。强化部门联动,密切分工协作,督促企业严格落实安全生产主体责任,加大安全投入,加强从业人员培训教育,切实提高安全服务水平。积极推广应用乡村营运客车标准化车型。加强渡口渡船安全管理。建立完善道路通行条件和农村客运线路联合审查机制。加强农村公路设施巡查,及早发现农村公路设施隐患,妥善处治。

**四、加快推进城乡货运物流服务一体化建设**

(十四)构建覆盖县乡村三级农村物流网络。按照农村物流网络节点建设指南的技术要求,加快推进农村物流网络节点建设,实现建设标准化、管理规范化、服务多元化,全面提升农村物流站点服务能力和水平。做好网络节点体系系统规划,优化站点布局,按照层次清晰、规模适度、功能完善的要求,拓展站场的仓储服务、电商快递服务、信息交易等物流服务功能,实现资源的衔接整合。统一物流站场运营服务标准,规范物流经营服务行为。加快农村物流站点的信息化建设,促进物流信息的集约共享和高效联动。

(十五)增强邮政普遍服务能力。重点推进西部地区和农村地区邮政基础设施建设,建立乡镇及农村邮政营业场所可持续运营的长效机制,支持邮政企业做强寄递主业,促进投递深度向下延伸,农村地区总体实现建制村直投到村。提升处理运输基础能力,引导邮政企业利用农村客货运站场等交通运输基础设施,建立仓储场地和小型邮件分拨中心,进一步强化县域邮件处理能力。

(十六)推进快递服务能力提升。继续推进快递"向西向下"服务拓展工程,加强中西部和农村地区快递网络建设,引导快递企业合理规划快递节点布局,落实网点建设标准,在特色经济乡镇、交通枢纽乡镇等地区建设高标准服务网络,提高网点均衡度和稳定性,实现县乡全面覆盖。健全农村快递末端网络,提高快递服务乡镇覆盖率。

(十七)加强农村交通运输资源整合。推进城乡交通运输"路、站、运、邮"协调发展。按照"多点合一、资源共享"模式,加快集客运、货运、邮政于一体的乡镇综合客运服务站点建设。引导交通运输、邮政、商贸、供销等物流资源的整合,促进农产品进城和农资、消费品下乡双向流通。推广适合农村公路条件的厢式、冷藏等专业化车型。支持农产品冷链物流体系建设，鼓励规模运输企业开展冷链运输。促进农村物流、邮政快递和电子商务融合发展。引导市场主体对接农村电商平台，积极参与农产品网上销售、流通追溯和运输配送体系建设。

**五、努力营造城乡交通运输一体化发展环境**

（十八）强化组织保障。进一步提高思想认识，积极争取地方党委、政府支持，将城乡交通运输一体化工作列入重要议事日程，并将城乡交通运输一体化水平纳入当地全面建成小康社会目标或年度工作目标。加强组织领导，交通运输、发展改革、财政、公安、国土、住房城乡建设、农业、商务、扶贫、邮政、供销等部门之间应加强沟通协调，明确责任分工，形成工作合力。

（十九）拓宽城乡交通运输发展资金渠道。积极推动建立政府购买城乡交通运输公共服务制度。充分利用现有农村公路建设、农村客运站建设、老旧车船更新等资金，提高资金使用效率，落实各项税收优惠政策和农村客运成品油价格补助政策。发挥好中央资金、地方一般公共预算收入的引导和杠杆作用，带动社会资本投入。鼓励和引导金融机构开发专项金融服务和产品，为城乡交通运输一体化发展提供优质、低成本的融资服务。对于中西部地区、革命老区、民族地区、边疆地区以及集中连片特困地区，按照《中共中央　国务院关于打赢脱贫攻坚战的决定》予以支持。

（二十）强化事中事后监管。加强交通运输行业信用体系建设，建立健全相关市场主体信用记录，纳入全国信用信息共享平台。建立完善城乡交通运输服务水平评价制度，加强评价结果的公布与应用。落实"双随机、一公开"监管制度，充分利用"12328"服务热线及邮政业消费者申诉受理渠道等，发挥社会公众监督作用。积极推动移动互联网等新技术在城乡客运生产管理、运营调度和安全应急等方面的应用。对于经营行为不规范、不履行普遍服务责任、存在重大安全隐患和突出交通违法行为的经营主体及其车辆，要依法严格处理。

（二十一）强化法规政策保障。加快推进城乡交通运输一体化服务的法治化、标准化进程。积极推进修订《道路运输条例》和制定《城市公共交通条例》等相关法规，完善配套规章制度。研究制定城乡交通运输一体化配套标准和相关技术政策。交通运输部会同有关部门开展城乡交通运输一体化考核评价和监督指导，加强监督检查，确保政策实效。组织开展城乡交通运输一体化建设工程，总结经验并适时加以推广。

# 三、国家公交都市建设示范工程

# 交通运输部关于开展国家公交都市建设示范工程有关事项的通知

(2011年11月9日　交运发〔2011〕635号)

各省、自治区、直辖市、新疆生产建设兵团交通运输厅（局、委），天津市、上海市交通运输和港口管理局：

为贯彻落实国家城市公共交通优先发展战略，提高城市公共交通服务水平，满足人民群众基本出行需求，缓解城市交通拥堵和资源环境压力，根据《交通运输"十二五"发展规划》，部决定在"十二五"期间组织开展国家"公交都市"建设示范工程。现就有关事项通知如下：

## 一、充分认识国家"公交都市"建设的重大意义

城市公共交通是满足人民群众基本出行需求的社会公益性事业，是城市功能正常运转的基础支撑。近些年来，随着我国城镇化进程的不断加快，我国城市规模迅速增长，人口规模不断扩大，城市居民的出行总量和出行距离呈现大幅增长。同时，城市交通结构也发生了显著变化，机动化出行比例迅速上升，非机动车出行比例持续下降，城市中心区的交通拥堵日益严重，环境污染和能源消耗压力不断加剧。在此背景下，开展国家"公交都市"建设示范工程，是贯彻落实国家公共交通优先发展战略，调控和引导交通需求，缓解城市交通拥堵和资源环境压力，推进新时期我国城市公共交通又好又快发展的重大举措，意义重大，影响深远。一是贯彻落实城市公共交通优先发展战略的重要载体。公共交通优先发展战略实施以来，城市公共交通取得了长足进展，但城市公共交通发展面临的土地、资金等硬约束依然存在，公交供给和需求的矛盾尚未根本消除，公交服务质量和保障能力与城市经济社会快速发展、人民群众生活水平不断提高的需求之间还存在着较大差距。国家"公交都市"建设的中心任务就是充分调动各方面的积极性，为推动公共交通优先发展战略的全面落实提供动

力、创造经验,全面提升公共交通的服务质量和保障能力,从根本上改变城市公共交通发展滞后和被动适应的局面。二是保障和改善民生的具体行动。城市公共交通是关系人民群众"行有所乘"的重大民生工程,直接服务于广大人民群众的生产生活。国家"公交都市"建设的重要目标就是保障人民群众的基本出行权利,这是交通运输部门加强和创新社会管理的重要任务。三是转变城市交通发展模式的重要抓手。国家"公交都市"建设的本质,是以"公共交通引领城市发展"为战略导向,通过科学规划和系统建设,建立以公共交通为主体的城市交通体系,扭转城市公共交通被动适应城市发展的局面,实现公共交通与城市的良性互动、协调发展。四是治理城市交通拥堵的有效途径。城市交通拥堵已成为我国大中城市普遍面临的一个突出问题和社会各界广泛关注的热点。世界各国的经验表明,注重城市的科学规划和优先发展公共交通是缓解城市交通拥堵最根本的途径和最有效的手段。国家"公交都市"建设的核心,就是通过实施科学的规划调控、线网优化、设施建设、信息服务等措施,不断提高公共交通系统的吸引力,降低公众对小汽车的依赖,从源头上调控城市交通需求总量和出行结构,提高城市交通运行效率,从根本上缓解城市交通拥堵。

二、国家"公交都市"建设示范工程的指导思想和原则

国家"公交都市"建设示范工程的指导思想是:坚持以科学发展观为指导,通过政府主导、规划先导、政策引导、试点先行,推动相关城市深入贯彻落实城市公共交通优先发展战略,大力推进城市公共交通发展方式转变,加快建立以公共交通为导向的城市发展模式,促进城市发展与城市交通的良性互动,缓解城市交通拥堵,并为全国其他城市公共交通发展积累经验。在推进过程中,要坚持以下基本原则:

(一)政府主导,政策扶持。坚持以城市人民政府为主体,充分发挥相关部门的职能优势,完善城市公共交通在规划、资金、土地、路权、财税、技术等方面的支持政策,增强公共交通的吸引力,使广大群众愿意乘公交、更多乘公交。

(二)因地制宜,科学谋划。坚持从实际出发,准确把握不同区域、不同规模、不同经济发展水平城市之间的差异,科学论证、因地制宜地确

定各试点城市公共交通发展模式和配套政策措施。

（三）统筹规划，协调发展。充分发挥规划的先导和调控作用，统筹城市公共交通与不同运输方式以及与城市经济社会间的协调发展，稳步推进试点城市公共交通建设和管理的各项工作，满足人民群众不断增长的基本出行需求。

（四）以点带面，分步推进。以试点为基础，及时总结和归纳国家"公交都市"示范城市建设过程中的做法和经验，并通过多种形式进行推广，为其他城市提供借鉴，全面推进我国城市公共交通又好又快发展。

**三、试点城市的推荐条件和程序**

（一）基本条件。

优先选择城市人口较为密集，公共交通需求量大，城市公共交通发展水平较高，城市轨道交通或快速公交系统发展较快，城市人民政府对城市公共交通发展有明确的扶持政策的大中城市。主要条件如下：

1. 具备较大规模的城市常住人口。城市市区常住人口原则上应在150万以上，最低不低于100万。

2. 编制了相关发展规划。编制了《城市公共交通发展规划》，并纳入《城市总体规划》、《城市控制性详细规划》和《城市综合交通体系规划》。

3. 有明确的扶持政策。城市人民政府出台了针对公共交通发展的政策性文件，或制定了促进公共交通发展的专项行动计划。城市公共财政对公共交通发展有明确、稳定的资金投入渠道和保障制度，资金保障到位。

4. 公交发展水平较高。城市公共交通发展和管理水平在全省范围内处于领先地位，确立了城市公共交通在城市交通体系中的主体地位，对保障人民群众基本出行和城市发展起到了显著的作用。

5. 原则上应属于国家公路运输枢纽城市。

（二）确定程序。

——城市申请。符合条件的城市人民政府按照本通知的相关要求，认真编制国家"公交都市"建设试点城市申报材料，经省级交通运输主管部门审核后报交通运输部，直辖市的申报材料经直辖市人民政府同意后，由市交通运输主管部门直接报交通运输部。申报材料主要包括：城市公共交通发展情况、建设国家"公交都市"总体思路和工作重点、城市公共交通的有关法规和政府文件及实施情况说明、《城市公共交通规划》及其与城市综合交通体系规划、城市总体规划和控制性详细规划等相关规划的衔接情况。

——省市推荐。各省、自治区交通运输主管部门对申报试点城市的条件进行初步审核,将审核同意的城市（1~2个）向交通运输部推荐,作为国家"公交都市"建设示范工程的试点备选城市。

——择优选择。交通运输部组织有关专家对各申报试点城市进行综合评价筛选,研究确定"十二五"期国家"公交都市"建设试点城市和年度实施计划。2013年底前,全部启动30个城市的示范工程试点工作。

——签署协议。交通运输部与试点城市人民政府签订《共建国家"公交都市"示范城市合作框架协议》。协议中应明确国家"公交都市"示范工程的建设目标、建设重点、支持政策、保障措施和相关各方的责任分工等内容。

**四、国家"公交都市"建设示范工程的考核目标**

通过试点,力争在试点城市建成"保障更有力、服务更优质、设施更完善、运营更安全、管理更规范"的城市公共交通系统,公共交通在城市交通系统中的主体地位基本确立,对城市发展的引领作用显著增强,较好地满足广大人民群众的基本出行需求,城市交通拥堵状况得到缓解。到"十二五"末,初步建成1~2个具有国际水准的国家"公交都市"和若干个国内领先的国家"公交都市"。

试点城市在"十二五"末达到以下考核目标的,由交通运输部授予国家"公交都市"建设示范城市称号：

——保障更有力。城市公共交通出行分担率（出行总量含机动化出行和自行车出行、不含步行,下同）年均提升2个百分点,有轨道交通的,城市公共交通出行分担率达到45%以上；没有轨道交通的,城市公共交通出行分担率达到40%以上。公交服务网络不断扩大,线网结构不断优化,初步形成公交快线、干线、支线分工明确、衔接顺畅、运营高效的公交运营网络。城市建成区公交线网密度达到3公里/平方公里以上,常住人口万人公交车车辆保有量达到15标台以上。城乡客运基本公共服务均等化取得明显成效，城市公共交通线网覆盖城市近郊主要中心镇，城市周边20公里范围内城乡客运班线公交化改造率达到85%以上。

——服务更优质。城市建成区公交站点500米覆盖率达到90%以上，实现主城区500米上车、5分钟换乘。公共汽电车平均运营时速年均提升5%以上，公共汽电车准点率较2010年提高10个百分点以上，早晚通勤高峰时段平均满载率在90%以内。公共交通车辆、场站、枢纽的无障碍通行及服务设施基本完善。针对上学、购物、旅游等不同出行需求的特色公共交通服务基本到位。城市公共交通节能环保水平明显改善，新能源城市公共交通车辆比例达到5%以上，公共交通平均能耗强度（单位车公里燃料能耗水平）下降10%以上。城市公共交通的乘客测评满意度达到80%以上。

——设施更完善。城市建成区内公交停车场、公交站台、候车亭等配套服务设施基本完善，城市公共汽电车进场率和主干道公共交通港湾式停靠站设置比例年均提升5个百分点；新建或改扩建城市主干道，公共交通港湾式停靠站设置比例达到100%。2万人口以上的居住小区配套建设公共交通首末站或换乘枢纽。初步建成公共交通换乘枢纽和集多种运输方式为一体的城市综合客运枢纽网络；基本形成城市轨道交通或快速公共交通网络及公共汽电车专用道网络；建成城市公共交通智能调度及监控中心、公众出行信息服务系统。城市主干道和重要交叉口公交优先通行信号设置比例达到30%以上。

——运营更安全。城市公共交通安全保障水平显著提升，行车责任事故率年均下降1个百分点以上，公共汽电车交通责任事故年均死亡率控制在4.5人/万标台以内。城市公共交通系统应对突发事件的应急反应能力显著提升。有轨道交通线路运营的城市，相关安全管理和应急保障制度基本完善，并落实到位。

——管理更规范。建立体系完整、机构精干、运转高效、行为规范的"一城一交"综合交通行政管理体制。城市公共交通相关规划体系初步形成，衔接更加顺畅。城市公共交通政策和标准规范体系基本完善，城市公共交通市场准入和退出、安全管理和应急保障、财政和土地保障、运营监管、票制票价、行业信息统计、从业人员培训等方面的基础管理制度和城市公共交通车辆技术、安全运营、信息化建设、服务质量考评等方面的标准规范体系基本形成。城市公共交通企业全部实现规模化、集约化、公司化经营；城市公共交通乘车IC卡使用率超过80%；行业更加稳定，公交企业职工平均收入不低于当地社会在职人员平均收入水平。城乡客运管理政策、票制票价、服务标准等逐步理顺，城乡客运一体化管理格局基本形成。

**五、推进国家"公交都市"建设示范工程的主要任务和工作要求**

（一）完善组织保障。

试点工作需得到各试点城市人民政府的重视与支持，在试点城市人民政府的统一领导下进行，成立由城市人民政府负责，交通运输、发展改革、财政、规划、建设、公安、国土等相关部门共同参与的组织协调机构，切实加大领导力度，完善城市交通管理体制，为共建国家"公交都市"示范城市提供组织和制度保障。

（二）完善扶持政策。

交通运输部将根据试点城市的公共交通发展规划和国家"公交都市"示范工程实施方案以及《共建国家"公交都市"示范城市合作框架协议》，对试点城市综合客运枢纽等重大交通基础设施建设、智能交通运输系统建设、城市公共交通节能减排等，按照规定程序报批后给予必要的资金支持，并将国家"公交都市"建设示范试点城市作为部"城市客运智能化应用示范试点"城市和"城市公交车辆新能源改造试点"城市。同时，将积极创造条件，支持试点城市在落实国家公共交通优先发展战略方面先行先试，创造和积累工作经验，为制定相关制度和标准奠定基础。

省级交通运输主管部门和各试点城市交通运输主管部门要积极争取本级人民政府的支持，建立完善规划、建设、用地、路权、资金、财税扶持等方面的配套支持政策。

（三）加强规划编制。

各试点城市的交通运输主管部门要在当地政府的统一领导下，争取相关部门支持，科学编制城市公共交通的相关规划。一是要认真组织编制城市公共交通发展规划，科学确定公交基础设施和公交线网布局方案，并加强与城市总体规划和城市综合交通体系规划的衔接，争取做到同步编制、修编和实施。二是要积极配合有关部门，做好城市土地利用总体规划、城市综合交通体系规划、城市控制性详细规划中有关城市公共交通部分的研究编制工作。三是要做好规划的落实工作。积极争取城市人民政府和有关部门的支持，将公共交通规划确定的公交基础设施建设、运力投放、服务提升等各项工作落实到位。按规定加大城市公共交通枢纽周边和大容量公共交通走廊沿线土地的综合开发利用，增强公共交通对城市发展的引领作用，促进城市公共交通与土地利用的协调发展。

（四）落实实施方案。

各试点城市交通运输主管部门要在城市人民政府的领导下，认真组织编制本市国家"公交都市"建设示范工程实施方案，广泛征求城市人民政府有关部门意见，经省级交通运输主管部门审核后报交通运输部。示范工程实施方案主要内容包括：示范工程建设目标、建设重点、保障措施、投资预算、融资方案、进度安排、市政府各有关部门的责任分工，以及需要部支持的事项等内容。要坚持因地制宜的原则，科学论证、系统谋划适合城市自身特点的公共交通发展模式，灵活选择城市公共交通发展目标和发展路径。

各试点城市交通运输主管部门要按照本市推进国家"公交都市"建设示范工程实施方案的要求、制定详细的阶段性工作计划，落实好本市示范工程实施方案确定的资金投入、用地保障、路权优先、设施建设、交通管理等方面的扶持政策，按时、保质完成示范工程实施方案确定的各项目标和任务。

（五）加强动态监督管理。

交通运输部建立国家"公交都市"建设示范工程绩效考评制度，组织考评小组对试点城市实施情况进行动态监督和考评。试点工作结束后，交通运输部依据《共建国家"公交都市"示范城市合作框架协议》，组织开展对各试点城市的考核工作，达到规定标准的，部将试点城市确定为国家

"公交都市"建设示范城市。

各试点城市及省级交通运输主管部门应加强对国家"公交都市"示范工程实施过程的监督管理，建立示范工程实施年度报告审查制度，并定期开展专项监督检查工作。各试点城市交通运输主管部门要定期对国家"公交都市"示范工程建设进展情况进行总结，并编写年度进展情况报告，经省级交通运输主管部门审核后报交通运输部。年度报告主要内容包括：年度城市公共交通发展状况、存在问题及解决措施；年度计划落实情况、当年重大公共交通基础设施建设情况；预算资金投入和融资落实情况；以及对下一年度试点工程建设的设想和改进意见等。

各级交通运输主管部门要加强与本级党委、政府宣传及新闻管理部门的沟通，积极利用网络、电视、报纸、广播等媒体，加大对国家"公交都市"示范工程建设工作的宣传报道，提高群众的参与意识，为推动国家"公交都市"建设示范工程的顺利实施，加快落实公共交通优先发展战略创造良好的社会氛围。

（六）建立长效机制。

各级交通运输主管部门要针对国家"公交都市"建设示范工程实施过程中出现的新情况、新问题，及时总结经验，研究制定一系列优先发展城市公共交通和缓解城市交通拥堵的制度、标准，研究出台推进城市公共交通优先发展的长效支持政策和措施，加快提高城市公共交通服务水平，确立城市公共交通在城市交通系统中的主体地位，增强城市公共交通对促进城市经济社会发展和改善城市人居环境方面的保障作用。

# 交通运输部关于印发《公交都市考核评价指标体系》的通知

(2013年6月24日 交运发〔2013〕387号)

各省、自治区、直辖市、新疆生产建设兵团交通运输厅（局、委）：

为指导公交都市创建工作，明确各创建城市考核目标，科学评价公交都市创建成效，按照《国务院关于城市优先发展公共交通的指导意见》（国发〔2012〕64号）和《关于开展国家公交都市建设示范工程有关事项的通知》（交运发〔2011〕635号，以下简称《通知》）等文件要求，部研究制定了《公交都市考核评价指标体系》。现予印发，并就有关事项通知如下：

一、科学确定考核评价指标体系。《公交都市考核评价指标体系》共设置指标30个，分为考核指标和参考指标，其中考核指标20个，是考核评价公交都市的约束性指标；参考指标10个，是考核评价公交都市的重要参考依据。各创建城市可结合自身公共交通发展特点提出不超过3个特色指标，经部同意后，连同考核指标和参考指标，一并纳入创建城市的考核评价指标体系。

二、规范考核评价指标计算方法。有关省级交通运输主管部门要组织公交都市创建城市，严格按照《关于〈公交都市考核评价指标体系〉的说明》（见附件）确定的计算方法和数据来源，逐项确定本城市2012年各项指标数值。

三、科学确定考核评价指标创建目标值。各创建城市要结合自身实际，按照《通知》的规定，在公交都市创建实施方案中提出各项指标的创建目标值。部将对各创建城市的创建实施方案进行评审，组织专家分别确定各城市的创建目标值，作为对公交都市创建成效验收考核的依据。

## 公交都市考核评价指标体系

| 序号 | 指 标 名 称 | 指标类型 |
| --- | --- | --- |
| 1 | 公共交通机动化出行分担率 | 考核指标 |
| 2 | 公共汽电车线路网比率 | 考核指标 |
| 3 | 公共交通站点500米覆盖率 | 考核指标 |
| 4 | 万人公共交通车辆保有量 | 考核指标 |
| 5 | 公共交通正点率 | 考核指标 |
| 6 | 早晚高峰时段公共汽电车平均运营时速 | 考核指标 |
| 7 | 早晚高峰时段公共交通平均拥挤度 | 考核指标 |
| 8 | 公共交通乘客满意度 | 考核指标 |
| 9 | 公共汽电车进场率 | 考核指标 |
| 10 | 公交专用车道设置率 | 考核指标 |
| 11 | 绿色公共交通车辆比率 | 考核指标 |
| 12 | 公共汽电车责任事故死亡率 | 考核指标 |
| 13 | 轨道交通责任事故死亡率 | 考核指标 |
| 14 | 城乡客运线路公交化运营比率 | 考核指标 |
| 15 | 公共交通运营补贴制度及到位率 | 考核指标 |
| 16 | 公共交通乘车一卡通使用率 | 考核指标 |
| 17 | 公共交通一卡通跨省市互联互通 | 考核指标 |
| 18 | 公共交通智能化系统建设和运行情况 | 考核指标 |
| 19 | 城市公共交通规划编制和实施情况 | 考核指标 |
| 20 | 建设项目交通影响评价实施情况 | 考核指标 |
| 21 | 公共交通出行分担率(不含步行) | 参考指标 |
| 22 | 公共交通人均日出行次数 | 参考指标 |
| 23 | 公共汽电车线路网密度 | 参考指标 |
| 24 | 公共汽电车平均车龄 | 参考指标 |
| 25 | 公共交通投诉处理完结率 | 参考指标 |
| 26 | 公共汽电车车均场站面积 | 参考指标 |
| 27 | 公共汽电车港湾式停靠站设置率 | 参考指标 |
| 28 | 公交优先通行交叉口比率 | 参考指标 |
| 29 | 公共交通职工收入水平 | 参考指标 |
| 30 | 公共交通优先发展配套政策制定情况 | 参考指标 |

附件:关于《公交都市考核评价指标体系》的说明

附件

# 关于《公交都市考核评价指标体系》的说明

## 一、考核评价指标定义、计算方法及数据来源

（一）考核指标。

1. 公共交通机动化出行分担率。

（1）指标定义：统计期内，中心城区居民选择公共交通的出行量占机动化出行总量的比例。（单位：%）

（2）计算方法：

$$公共交通机动化出行分担率 = \frac{公共交通出行量}{机动化出行总量} \times 100\%$$

其中，公共交通出行量包括采用公共汽电车、轨道交通、城市轮渡等（不含公共自行车、出租汽车）交通方式的出行量；机动化出行总量是指使用公共汽电车、轨道交通、城市轮渡、小汽车、出租汽车、摩托车、通勤班车、公务车、校车等各种以动力装置驱动或者牵引的交通工具的出行量。

（3）数据来源：

公共交通出行量：居民出行调查；

机动化出行总量：居民出行调查。

2. 公共汽电车线路网比率。

（1）指标定义：统计期内，中心城区公共汽电车线路网长度占城市道路网长度的比例。（单位：%）

（2）计算方法：

$$公共汽电车线路网比率 = \frac{公共汽电车线路网长度}{城市道路网长度} \times 100\%$$

其中，公共汽电车线路网长度是指中心城区布有公共汽电车线路的道路中心线长度；城市道路网长度指中心城区的快速路、主干路、次干路和支路的长度。

（3）数据来源：

公共汽电车线路网长度：由城市交通运输主管部门提供；

城市道路网长度：城市规划部门。

3. 公共交通站点500米覆盖率。

（1）指标定义：统计期内，中心城区的建成区内公共交通站点500米半径覆盖面积与中心城区的建成区面积之比。（单位：%）

（2）计算方法：

$$公共交通站点500米覆盖率 = \frac{公共交通站点500米半径覆盖面积}{中心城区的建成区面积} \times 100\%$$

其中，公共交通站点包括公共汽电车站点和轨道交通站点，轨道交通站点位置按照进出站口位置计算。

（3）数据来源：

公共交通站点500米半径覆盖面积：由城市交通运输主管部门提供；

中心城区的建成区面积：城市规划部门。

4. 万人公共交通车辆保有量。

（1）指标定义：统计期内，按市区人口计算的每万人平均拥有的公共交通车辆标台数。（单位：标台/万人）

（2）计算方法：

$$万人公共交通车辆保有量 = \frac{公共交通车辆标台总数}{市区人口}$$

其中，公共交通车辆标台换算系数见表1、表2。

各类型公共汽电车车辆和有轨电车换算系数　　　　　　　　表1

| 类　别 | 车长范围 | 换算系数 |
| --- | --- | --- |
| 1 | 5米以下（含） | 0.50 |
| 2 | 5米~7米（含） | 0.70 |
| 3 | 7米~10米（含） | 1.00 |
| 4 | 10米~13米（含） | 1.30 |
| 5 | 13米~16米（含） | 1.70 |
| 6 | 16米~18米（含） | 2.00 |
| 7 | 18米以上 | 2.50 |
| 8 | 双层 | 1.90 |

各类型轨道交通（除有轨电车）车辆换算系数　　　表2

| 类　别 | 车　长　范　围 | 换算系数 |
|---|---|---|
| 1 | 7米以下（含） | 3.15 |
| 2 | 7米~10米（含） | 4.50 |
| 3 | 10米~13米（含） | 5.85 |
| 4 | 13米~16米（含） | 7.65 |
| 5 | 16米~18米（含） | 9.00 |
| 6 | 18米以上 | 11.25 |

（3）数据来源：

公共交通车辆标台总数：由城市交通运输主管部门提供；

市区人口：城市建设统计年鉴。

5. 公共交通正点率。

（1）指标定义：统计期内，公共汽电车正点率与轨道交通正点率的平均值。（单位:%）

（2）计算方法：

$$公共交通正点率 = \frac{公共汽电车正点率 + 轨道交通正点率}{2}$$

其中：

$$公共汽电车正点率 = \frac{\sum（始发正点班次 + 末站到站正点班次）}{\sum（计划发车班次 \times 2）} \times 100\%$$

$$轨道交通正点率 = \frac{\sum（始发正点列数 + 末站到站正点列数）}{\sum（计划开行列数 \times 2）} \times 100\%$$

公共汽电车发车时间以首站离站时间为准，实际发车比计划排班晚2分钟以内（不允许提前发车）记为发车正点；末站到站正点定义为"快2慢5"，即实际末站到站时间比计划排班早2分钟或晚5分钟以内记为末站到站正点。轨道交通列车在始发站出发或到达终点站的时刻与列车运行图（时刻表）计划时刻相比大于等于2分钟记为晚点；对于中途退出的列车，按其退出运营的车站作为到达站统计晚点；列车中途变更列车车次，到达晚点按初次变更前的列车车次统计。对无轨道交通的城市，公共交通正点率即公共汽电车正点率。

(3)数据来源：

始发正点班次（列数）：由城市交通运输主管部门提供；

末站到站正点班次（列数）：由城市交通运输主管部门提供；

计划发车班次：由城市交通运输主管部门提供；

实际开行列数：由城市交通运输主管部门提供。

6. 早晚高峰时段公共汽电车平均运营时速。

（1）指标定义：统计期内，早晚高峰时段公共汽电车实际运送乘客的年平均运营车速。（单位：公里/小时）

（2）计算方法：

$$\text{早晚高峰时段公共汽电车平均运营时速} = \frac{\Sigma \text{早晚高峰时段班次平均运营车速}}{\text{早晚高峰时段班次总数}}$$

其中：

$$\text{早晚高峰时段班次平均运营车速} = \frac{\text{早晚高峰时段班次运营里程}}{\text{早晚高峰时段班次运营时间}}$$

（3）数据来源：

早晚高峰时段班次运营里程、班次运营时间和班次总数：由城市交通运输主管部门提供，原则上应以车载定位终端数据为准，对于未安装车载定位终端的车辆，可以通过行车路单计算获得。

早晚高峰时段：由城市交通运输主管部门提供。

7. 早晚高峰时段公共交通平均拥挤度。

（1）指标定义：统计期内，早晚高峰时段公共汽电车拥挤度与轨道交通拥挤度的平均值。（单位:%）

（2）计算方法：

$$\text{早晚高峰时段公共交通平均拥挤度}$$
$$= \frac{\text{早晚高峰时段公共汽电车拥挤度} + \text{早晚高峰时段轨道交通拥挤度}}{2}$$

其中：

$$\text{早晚高峰时段公共汽电车拥挤度}$$
$$= \frac{\Sigma(\text{早晚高峰时段公共汽电车最大断面乘客数})}{\Sigma(\text{早晚高峰时段公共汽电车最大客流断面班次的额定载客量})} \times 100\%$$

早晚高峰时段轨道交通拥挤度

$$=\frac{\Sigma（早晚高峰时段轨道交通最大断面乘客数）}{\Sigma（早晚高峰时段轨道交通最大客流断面列次的额定载客量）}\times100\%$$

（3）数据来源：

早晚高峰时段各班（列）次乘客数：抽样调查；

早晚高峰时段各班（列）次的额定载客量：由城市交通运输主管部门提供。

8. 公共交通乘客满意度。

（1）指标定义：统计期内，公交服务质量乘客满意度调查有效调查问卷的平均得分率。（单位:%）

（2）计算方法：

$$公共交通乘客满意度=\frac{\Sigma 单份有效调查问卷得分}{有效调查问卷总数\times100}\times100\%$$

其中：

$$单份调查问卷得分=\Sigma（单项调查内容得分\times调查内容权重）$$

调查具体内容。共分为7项，包括候车时间长度、换乘便捷度、服务态度、出行信息服务、乘车舒适度、候车环境、车内卫生环境。

调查范围及方式。随机问卷调查，每季度1次，需保证有效调查问卷总数不小于市区人口的万分之三，公共汽电车与轨道交通的问卷发放比例按照客运量比例分配。由第三方调查机构组织有关人员在各大站点采取现场问卷式调查，《公共交通乘客满意度调查表》式样见表3。

**公共交通乘客满意度调查表** 表3

| 序号 | 满意度\调查内容 | 优秀 | 良好 | 合格 | 不合格 |
|---|---|---|---|---|---|
| 1 | 候车时间长度 | | | | |
| 2 | 换乘便捷度 | | | | |
| 3 | 服务态度 | | | | |
| 4 | 出行信息服务 | | | | |
| 5 | 乘车舒适度 | | | | |

续上表

| 序号 | 调查内容\满意度 | 优秀 | 良好 | 合格 | 不合格 |
|---|---|---|---|---|---|
| 6 | 候车环境 | | | | |
| 7 | 车内卫生环境 | | | | |

| 其他意见和建议： | | | |
|---|---|---|---|
| 调查结果 | | | |
| 线路 | 调查日期<br>年 月 日 | 天气 | 调查人 |
| 备注 | 用划"√"的形式，填写表格。 | | |

单份调查问卷得分计算方法。每项调查内容分为优秀、良好、合格、不合格四个等级。优秀为10分，良好为8分，合格为6分，不合格为0分，单份调查问卷得分为各项调查内容得分与权重的乘积之和，满分为100分。各调查内容权重详见表4。

乘客满意度调查内容权重表　　　　　表4

| 序号 | 调查内容 | 公共汽电车权重 | 轨道交通权重 |
|---|---|---|---|
| 1 | 候车时间长度 | 2.0 | 1.0 |
| 2 | 换乘便捷度 | 2.0 | 2.0 |
| 3 | 服务态度 | 1.5 | 1.5 |
| 4 | 出行信息服务 | 1.5 | 1.5 |
| 5 | 乘车舒适度 | 1.0 | 2.0 |
| 6 | 候车环境 | 1.0 | 1.0 |
| 7 | 车内卫生环境 | 1.0 | 1.0 |

（3）数据来源：

单份有效调查问卷得分：第三方调查机构；

有效调查问卷总数：第三方调查机构。

9. 公共汽电车进场率。

（1）指标定义：统计期内，公共汽电车运营车辆平均每天夜间进场停放车辆数（含在公交专用停车场停放及在公交首末站、保养场或枢纽站中停放的车辆数）与总运营车数的比率。（单位:%）

（2）计算方法：

$$公共汽电车进场率 = \frac{\Sigma 公共汽电车每日进场停放车辆数}{365 \times 公共汽电车车辆总数} \times 100\%$$

其中，进场停放车辆含在专用停车场停放及在公交首末站、保养场或枢纽站中停放的车辆数；租赁的公交停车场必须有规范的租赁合同并且租赁期限在10年（含）以上。

（3）数据来源：

公共汽电车每日进场停放车辆数：由城市交通运输主管部门提供；

公共汽电车车辆总数：城市（县城）客运统计报表。

10. 公交专用车道设置比率。

（1）指标定义：统计期内，中心城区设置公交专用车道的道路长度占公共汽电车线路网总长度的比例。（单位:%）

（2）计算方法：

$$公交专用车道设置比率 = \frac{设置公交专用车道的道路长度}{公共汽电车线路网总长度} \times 100\%$$

其中，设置公交专用车道的道路长度指城市中心城区内设置了公交专用车道的道路中心线长度。

（3）数据来源：

设置公交专用车道的道路长度：由城市交通运输主管部门提供；

公共汽电车线路网总长度：由城市交通运输主管部门提供。

11. 绿色公共交通车辆比率。

（1）指标定义：统计期内，绿色公共交通车辆标台数占公共交通车辆标台总数的比例。（单位:%）

（2）计算方法：

$$\text{绿色公共交通车辆比率} = \frac{\text{绿色公共交通车辆标台数}}{\text{公共交通车辆标台总数}} \times 100\%$$

其中，绿色公共交通车辆包括：地铁、轻轨、有轨电车，混合动力车、燃料电池电动车、氢发动机车、纯电动车、其他新能源（如高效储能器、二甲醚）车，液化石油气汽车、压缩天然气汽车、液化天然气汽车、压缩煤层气汽车，无轨电车等。

（3）数据来源：

绿色公共交通车辆标台数：由城市交通运输主管部门提供；

公共交通车辆标台总数：由城市交通运输主管部门提供。

12. 公共汽电车责任事故死亡率。

（1）指标定义：统计期内，公共交通每行驶相应里程发生的同等及以上责任的交通事故死亡人数。（单位：人/百万车公里）

（2）计算方法：

$$\text{公共汽电车责任事故死亡率} = \frac{\text{公共汽电车责任事故死亡人数}}{\text{公共汽电车运营总里程}}$$

（3）数据来源：

公共汽电车责任事故死亡人数：城市公安部门；

公共汽电车运营总里程：城市（县城）客运统计报表。

13. 轨道交通责任事故死亡率。

（1）指标定义：统计期内，城市轨道交通每行驶相应里程发生的同等及以上责任的交通事故死亡人数。（单位：人/百万车公里）

（2）计算方法：

$$\text{轨道交通责任事故死亡率} = \frac{\text{轨道交通责任事故死亡人数}}{\text{轨道交通运营总里程}}$$

（3）数据来源：

轨道交通责任事故死亡人数：城市公安部门；

轨道交通运营总里程：城市（县城）客运统计报表。

14. 城乡客运线路公交化运营比率。

（1）指标定义：统计期内，中心城区周边20公里区域内，按照城市公共交通模式运营的城乡客运线路数量占城乡客运线路总数的比例。

（单位：%）

(2) 计算方法：

$$城乡客运线路公交化运营比率 = \frac{公交化运营的城乡客运线路数}{城乡客运线路总数} \times 100\%$$

其中：城乡客运线路是指起讫点其中一端在中心城区内，另一端在中心城区外20公里范围内的线路；票价水平、运营服务方式、补贴状况等均作为城乡客运线路公交化运营的重要依据。

(3) 数据来源：

公交化运营的城乡客运线路数：由城市交通运输主管部门提供；

城乡客运线路总数：由城市交通运输主管部门提供。

15. 公共交通运营补贴制度及到位率。

(1) 指标定义：统计期内，城市公共交通实际补贴额与合理计算的政策性补贴总额的比。(单位：%)

(2) 计算方法：

$$公共交通运营补贴到位率 = \frac{城市公共交通实际补贴额}{合理计算的政策性补贴总额} \times 100\%$$

其中：城市公共交通实际补贴额指地方政府实际给予的票价补贴（含特殊人群优惠补贴）、新线和冷僻线路补贴、指令性任务补偿等补贴补偿。合理计算的政策性补贴总额指经第三方机构测算的应该由地方政府承担的票价补贴（含特殊人群优惠补贴）、新线和冷僻线路补贴、指令性任务补偿等补贴补偿。

(3) 数据来源：

城市公共交通实际补贴额：由城市交通运输主管部门提供；

合理计算的政策性补贴总额：由第三方机构测算。

16. 公共交通乘车一卡通使用率。

(1) 指标定义：统计期内，使用一卡通的城市公共交通客运量与客运总量的比例。(单位：%)

(2) 计算方法：

$$公共交通乘车一卡通使用率 = \frac{使用一卡通的城市公共交通客运总量}{公共交通客运总量} \times 100\%$$

其中，公共交通一卡通客运总量指考核年度内使用公共交通一卡通的客运总量。

（3）数据来源：

使用一卡通的城市公共交通客运总量：由城市交通运输主管部门提供；

公共交通客运总量：城市（县城）客运统计报表。

17. 公共交通一卡通跨省市互联互通。

（1）考核评价内容：城市公共交通一卡通应采用部统一技术标准，实现跨省市互联互通，并可在出租汽车等城市客运交通工具使用。

（2）考核评价依据：城市交通运输主管部门提供的有关资料文件。

18. 公共交通智能化系统建设和运行情况。

（1）考核评价内容：城市应当按照公共交通智能化应用示范工程有关技术标准要求，建成城市公共交通智能化系统，并建立可持续的运行维护保障机制。城市公共交通智能化系统应当具备线路运营调度、出行信息发布和行业管理决策支持等功能。

（2）考核评价依据：城市交通运输主管部门提供的有关资料文件。

19. 城市公共交通规划编制和实施情况。

（1）考核评价内容：城市应当编制并实施了城市公共交通规划。在规划编制中，应将城市公共交通规划纳入城市总体规划，并保证城市公共交通规划与城市土地利用总体规划、控制性详细规划和综合交通规划的衔接。

（2）考核评价依据：城市交通运输主管部门提供的有关资料文件。

20. 建设项目交通影响评价实施情况。

（1）考核评价内容：城市应当对规划建设和改扩建航空港、铁路客运站、水路客运码头、公路客运站、居住区、商务区等大型建设项目实施交通影响评价。交通影响评价应包括现状交通分析、交通量预测、改进措施、结论与建议等内容。

（2）考核评价依据：城市相关管理部门提供的资料文件。

（二）参考指标。

21. 公共交通出行分担率（不含步行）。

（1）指标定义：统计期内，中心城区居民选择公共交通的出行量占不含步行的居民出行总量的比例。（单位:%）

（2）计算方法：

$$公共交通出行分担率（不含步行）=\frac{公共交通出行量}{不含步行的居民出行总量}\times100\%$$

（3）数据来源：

公共交通出行量：居民出行调查；

不含步行的居民出行总量：居民出行调查。

22. 公共交通人均日出行次数。

（1）指标定义：统计期内，市区居民公共交通人均日出行次数。（单位：次）

（2）计算方法：

$$公共交通人均日出行次数=\frac{公共交通年客运总量}{365\times换乘系数\times市区人口}$$

（3）数据来源：

公共交通年客运总量：城市（县城）客运统计报表；

换乘系数：居民出行调查；

市区人口：城市建设统计年鉴。

23. 公共汽电车线路网密度。

（1）指标定义：统计期内，中心城区每平方公里城市用地面积上的公共汽电车线路网长度。（单位：公里/平方公里）

（2）计算方法：

$$公共汽电车线路网密度=\frac{公共汽电车线路网长度}{中心城区的建成区面积}$$

其中：公共汽电车线路网长度是指中心城区范围的建成区内布有公共汽电车线路的道路中心线长度；中心城区的建成区面积是指中心城区范围内的建成区面积。

（3）数据来源：

公共汽电车线路网长度：由城市交通运输主管部门提供；

中心城区的建成区面积：城市规划部门。

24. 公共汽电车平均车龄。

（1）指标定义：城市公共汽电车的平均使用年数。（单位：年）

（2）计算方法：

$$公共汽电车平均车龄 = \frac{\Sigma 公共汽电车单车使用年数}{公共汽电车车辆总数}$$

（3）数据来源：

公共汽电车单车使用年数：由城市交通运输主管部门提供；

公共汽电车车辆总数：由城市交通运输主管部门提供。

25. 公共交通投诉处理完结率。

（1）指标定义：统计期内，处理完结的公共交通投诉案件数量占公共交通投诉案件总量的比率。（单位:%）

（2）计算方法：

$$公共交通投诉处理完结率 = \frac{处理完结的公共交通投诉案件数}{公共交通投诉案件总量} \times 100\%$$

其中：公共交通投诉内容包括服务态度、线路设置、卫生环境、候车间隔、基础设施配备等；公共交通投诉案件来源包括公交投诉咨询服务电话、市长热线、报纸、广播、电视、网站等。

（3）数据来源：

处理完结的公共交通投诉案件数：由城市交通运输主管部门提供；

公共交通投诉案件总量：由城市交通运输主管部门提供。

26. 公共汽电车车均场站面积。

（1）指标定义：统计期内，平均每标台公共汽电车所使用的公交场站面积。（单位：平方米/标台）

（2）计算方法：

$$公共汽电车车均场站面积 = \frac{公共汽电车场站总面积}{公共汽电车标台总数}$$

其中，场站包括停车场（含专用停车场、公交首末站、枢纽站中的公交停车场等）、维修场、保养场等。租赁的公交停车场必须有规范的租赁合同并且租赁期限在10年（含）以上。

（3）数据来源：

公共汽电车场站总面积：由城市交通运输主管部门提供；

公共汽电车标台总数：城市（县城）客运统计报表。

27. 公共汽电车港湾式停靠站设置率。

（1）指标定义：统计期内，中心城区快速路、主干道及次干道上，设置港湾式停靠站的站点个数占城市中心城区快速路、主干道及次干道停靠站点总数的比例。（单位:%）

（2）计算方法：

$$公共汽电车港湾式停靠设置率 = \frac{设置港湾式停靠站的站点个数}{停靠站点总数} \times 100\%$$

其中，设置港湾式停靠站的站点个数与停靠站点总数的统计对象均为城市中心城区快速路、主干道及次干道上的停靠站点。

（3）数据来源：

设置港湾式停靠站的站点个数：由城市交通运输主管部门提供；

停靠站点总数：由城市交通运输主管部门提供。

28. 公交优先通行交叉口比率。

（1）指标定义：统计期内，城市主干道交叉口中拥有公交优先通行权的交叉口的比例。（单位:%）

（2）计算方法：

$$公交优先通行交叉口比率 = \frac{公交优先通行交叉口数量}{城市主干道交叉口数量} \times 100\%$$

其中：公交优先通行交叉口包括信号优先和路权优先的交叉口；城市主干道交叉口指城市主干道与主干道相交、主干道与次干道相交、主干道与城市快速路的辅路相交的交叉口。

（3）数据来源：

公交优先通行交叉口数量：城市公安部门；

城市主干道交叉口总数：城市规划部门。

29. 公共交通职工收入水平。

（1）指标定义：统计期内，城市公共交通在岗职工的平均工资与当地社会职工平均工资的比率。（单位:%）

(2) 计算方法：

$$公共交通职工收入水平 = \frac{公共交通在岗职工平均工资}{当地社会职工平均工资} \times 100\%$$

其中，当地社会职工平均工资指当地在岗职工的平均工资。

(3) 数据来源：

公共交通在岗职工平均工资：由城市交通运输管理部门提供；

当地社会职工平均工资：城市统计年鉴。

30. 公共交通优先发展配套政策制定情况。

(1) 考核评价内容：促进公交优先发展政策措施的制定及实施情况；保障公共交通用地政策措施的制定及实施情况；交通需求管理政策措施的制定与实施效果；城市交通拥堵评价与监测体系的建立及应用情况。

(2) 考核评价依据：城市交通运输主管部门提供的有关资料文件。

**二、考核评价指标相关名词解释**

（一）公共交通。指在城市人民政府确定的区域内，利用公共汽电车、轨道交通车辆等公共交通运载工具和有关设施，按照核定的线路、站点、时间、票价运营，为社会公众提供基本出行服务的社会公益性事业。

（二）公共交通线路网。在一定区域内布有公共交通线路的道路组成的网络。

（三）公交专用车道。在规定时间内，只允许公共汽电车通行的车道（在道路条件具备的情况下，也允许机场巴士、校车、通勤班车通行）。

（四）早晚高峰时段。包括早高峰时段和晚高峰时段，其中，早高峰以当地城市人民政府上班时间的前后各1小时作为统计时段，晚高峰以当地城市人民政府下班时间的前后各1小时作为统计时段。

（五）中心城区。以城市主城区为主体，并包括邻近各功能组团以及需要加强土地用途管制的空间区域。根据城市各自的建设、发展程度，在城市总体规划（目标年为2020年）中划定，以道路或河流等地理要素为界而划定的区域。

（六）建成区。城市行政区内实际已成片开发建设、市政公用设施和公共设施基本具备的区域。对核心城市，它包括集中连片的部分以及分散的若干个已经成片建设起来,市政公用设施和公共设施基本具备的地区;对一城多镇来说,它包括由几个连片开发建设起来的,市政公用设施和公共设施基本具备的地区组成。因此,建成区范围,一般是指建成区外轮廓线所能包括的地区,也就是这个城市实际建设用地所达到的范围,一般不包括水域面积。

(七)市区人口。指城市行政区域内有常住户口和未落常住户口的人,以及被注销户口的在押犯、劳改、劳教人员。未落常住户口人员是指持出生、迁移、复员转业、劳改释放、解除劳教等证件未落常住户口的、无户口的人员以及户口情况不明且定居一年以上的流入人口。地级以上城市行政区不包括市辖县(市)。按公安部门的户籍统计为准。

# 交通运输部关于推进公交都市创建工作有关事项的通知

(2013年7月15日　交运发〔2013〕428号)

各省、自治区、直辖市、新疆生产建设兵团交通运输厅（局、委），天津市、上海市交通运输和港口管理局：

为进一步加快推进公交都市创建工作，部决定对公交都市创建城市给予政策支持。现将有关事项通知如下：

一、支持创建城市加快建设城市综合客运枢纽

部重点支持与城市公共交通相衔接的综合客运枢纽。主要包括：一是城市公共交通与两种及以上对外交通方式相衔接的综合客运枢纽；二是城市公共交通与城际客运站相衔接的综合客运枢纽；三是城市公共交通与城乡公路客运站相衔接的综合客运枢纽；四是适当考虑与城市轨道交通相衔接的综合换乘枢纽。城市公共交通有关设施应当与综合客运枢纽同步规划、同步建设、同步交付使用。

二、支持创建城市加快建设城市智能公交系统

继续在公交都市创建城市实施城市公共交通智能化应用示范工程。加强对示范工程建设的指导，在总结第一批城市公共交通智能化应用示范工程建设成果和经验的基础上，进一步明确建设思路，确定并启动新一批公共交通智能化应用示范工程。部重点支持公共交通信息化应用系统建设、相关支撑系统建设、数据资源与交换系统建设，以及相关标准规范的制修订等工作。

三、支持创建城市加快建设城市快速公交运行监测系统

将创建城市快速公交运行监测系统建设纳入部支持范围。支持创建城市加快建设快速公交监控调度指挥系统、快速公交信息化应用系统和相关

支撑系统等，并完善快速公交运行监测相关的技术标准规范。

**四、支持创建城市推广应用清洁能源公交车辆**

将公交都市创建城市推广应用液化石油气、天然气等清洁能源公交车辆纳入交通运输节能减排专项资金支持范围。按照《交通运输节能减排专项资金管理暂行办法》（财建〔2011〕374号），采取以奖代补的形式，通过测算清洁能源公交车辆的能源替代量给予相应的资金补助。

**五、规范项目管理程序**

（一）建立项目库。各公交都市创建城市交通运输主管部门要按照《交通运输部关于开展国家公交都市建设示范工程有关事项的通知》（交运发〔2011〕635号）的有关要求，科学制定公交都市创建工作实施方案，明确建设目标、建设重点、保障措施、投资预算、融资方案、进度安排、城市人民政府各有关部门的责任分工，以及需要部支持的事项等内容，经所在地省级交通运输主管部门审核后报部。第一批公交都市创建城市创建工作实施方案于2013年7月底前报部，其余创建城市的创建工作实施方案于8月中旬前报部。部将根据各城市的公交都市创建工作实施方案，对经审核符合部支持方向的建设项目，建立项目库，分步纳入部年度投资计划。

（二）严格项目审批和资金管理。按照基本建设项目管理程序，对于城市综合客运枢纽项目、城市公共交通智能化应用示范工程项目和城市快速公交运行监测系统建设项目，由地方有审批权的主管单位审批；部按照有关规定进行审核后，给予资金支持，并纳入年度固定资产投资计划。如今后财政部对预算内资金管理有新的规定，则按新规定执行。对于清洁能源公交车辆推广应用项目，按照部节能减排专项资金使用管理的有关规定执行。

**六、完善保障措施**

各地交通运输主管部门要在当地人民政府的统一领导下，积极协调有关部门，紧紧抓住城市公共交通发展的历史机遇，加快完善有利于公交都市创建工作的体制、机制和配套政策，为公交都市创建工作提供组织、制度和政策保障。

（一）完善组织保障。各公交都市创建城市交通运输主管部门要在城市人民政府的领导下，推动建立由城市人民政府主要领导负责，相关部门共同参与的组织协调机制，为公交都市创建工作提供组织保障。

（二）制定配套政策。各相关省份交通运输主管部门要参照部的支持政策，研究制定对公交都市创建城市给予支持的政策措施。各创建城市交通运输主管部门要争取城市人民政府的支持，在规划、建设、用地、路权、资金、财税扶持等方面，完善对公交都市创建工作的配套支持政策。要积极协调财政、税务等部门，免征城市公共交通企业新购公共汽（电）车的车辆购置税和公交站场城镇土地使用税，依法减征或免征公共交通车辆的车船税，落实城市公共交通车辆成品油价格补助政策。已开通运营轨道交通的城市，要加快完善对城市轨道交通运营企业的电价优惠政策。

（三）加强资金监管。各省级交通运输主管部门和公交都市创建城市交通运输主管部门要建立公交都市建设补助资金使用审查和监管制度，加强对资金使用过程的监督管理，确保补助资金合理、有效使用。部将对各创建城市补助资金的使用情况进行不定期抽查，对违反规定截留、挪用、骗取资金的，取消公交都市创建城市资格，并按照国家相关法规规定予以处理。

（四）及时总结创建工作经验。各公交都市创建城市交通运输主管部门要及时总结创建工作经验，研究完善推进城市公共交通发展、缓解城市交通拥堵的综合性政策措施，建立长效工作机制，全面推进城市公交优先发展战略的落实。

# 交通运输部办公厅关于进一步加强公交都市创建工作动态监管有关事项的通知

(2014年4月16日　厅运字〔2014〕74号)

北京、河北、山西、内蒙古、辽宁、吉林、黑龙江、上海、江苏、浙江、安徽、福建、江西、山东、河南、湖北、湖南、广东、广西、海南、重庆、贵州、云南、陕西、甘肃、青海、宁夏、新疆省、自治区、直辖市交通运输厅（委），天津市交通运输和港口管理局：

公交都市创建工作开展以来，各相关省级交通运输主管部门和创建城市人民政府高度重视和支持，各地积极完善工作机制，出台政策措施，狠抓制度落实，创建工作取得了明显成效。为及时掌握各地公交都市创建情况，科学推进创建工作，交通运输部决定进一步加强对公交都市创建工作的动态监管。有关事项通知如下：

## 一、加强创建工作动态管理

公交都市创建是一项系统性、长期性的重大工程，各相关省级交通运输主管部门要按照《交通运输部关于开展国家公交都市建设示范工程有关事项的通知》（交运发〔2011〕635号）、《交通运输部关于推进公交都市创建工作有关事项的通知》（交运发〔2013〕428号）等文件要求，加强对所辖区域内公交都市创建工作的管理，及时掌握各地创建工作动态，跟踪公交都市创建重点项目的进展情况和相关政策措施的落实情况。要采取现场检查或暗访的方式，对创建城市进行督查，指导和督促创建城市落实各项创建任务，推动创建城市按期达到创建目标。

交通运输部将根据各地创建情况，分年度组织对各地创建工作开展绩效考评，并将考评结果向社会公布。考评重点包括城市公共交通发展状况、创建工作机制及推进情况、年度计划落实情况、重点项目建设情况、预算资金投入和融资落实情况等。城市公共交通发展水平绩效考评办法另行发布。

**二、加强创建工作经验交流和宣传**

交通运输部已在网站开设了"公交都市建设示范工程"专栏，集中刊载公交都市创建的政策法规、文件公告以及创建城市工作成效、经验总结等，以促进各地创建工作经验交流与宣传。各有关省级交通运输主管部门要及时向部报送公交都市创建活动中的重大政策措施、重点项目推进和取得的重要成效等，部将在"公交都市建设示范工程"专栏和行业及中央有关媒体上进行宣传。各相关省份和创建城市交通运输主管部门也要加大对公交都市创建工作的宣传力度，充分利用网络、报纸、电视、广播等多种媒体，着力提高社会公众的参与意识，积极营造支持创建工作、体验创建成效的舆论氛围。

**三、建立创建工作动态联系机制**

为更好地促进各地创建工作动态的交流和沟通，交通运输部决定建立公交都市创建工作动态联系机制。请各相关省份和创建城市交通运输主管部门分别确定信息联络员1名，并于2014年5月10日前将信息联络员登记表（见附件1）报交通运输部。联络员发生变更时，请及时向交通运输部报告变更信息。信息联络员主要负责公交都市创建工作动态信息、考核指标数据和年度报告等相关材料的报送工作，交通运输部有关公交都市创建工作的动态信息也将直接发送信息联络员。

**四、落实创建工作年度报告制度**

公交都市创建工作年度报告（以下简称"年度报告"）是全面客观反映各地公交都市创建情况的重要资料，也是公交都市考核验收的重要依据。各相关省级交通运输主管部门要督促各创建城市，认真做好年度报告的编制和报送工作。

各相关省级交通运输主管部门应于每年12月20日前将审核后的各有关创建城市年度报告（纸质版和电子版）报送交通运输部，直辖市年度报告由城市交通运输主管部门直接报部。年度报告主要内容包括创建工作总体情况、考核评价指标自评、实施方案执行情况、预算资金投入和落实情况、创建工作经验和建议、下一年度工作计划等（具体格式及要求详见附件2）。

联系人：交通运输部运输司 郑宇，电话：010 – 65292794，传真：010 – 65292722，电子邮箱：ysskyc@ mot. gov. cn。

附件：1. 公交都市信息联络员登记表
   2. 公交都市年度报告格式及要求

附件1

## 公交都市信息联络员登记表

| 单位 | | （盖章） | |
|---|---|---|---|
| 姓名 | | 职务 | |
| 电话 | | 手机 | |
| 传真 | | 电子邮箱 | |
| 地址及邮编 | | | |

附件2

# 公交都市年度报告格式及要求

## ＿＿＿＿市＿＿＿＿年公交都市创建工作年度报告

### 一、创建工作总体情况

（一）发展现状。概括本年度城市公共交通发展情况。

（二）主要工作。简述本年度创建工作开展情况。

### 二、考核评价指标自评

（一）考核评价指标测算。按照《公交都市考核评价指标体系》要求测算年度考核评价指标值。

（二）对比分析。结合每年发展目标和创建目标，对比分析考核指标水平。

### 三、实施方案执行情况

（一）部支持项目执行情况。公交都市创建实施方案及年度计划确定的部支持项目执行情况。

（二）综合交通管理政策执行情况。公交都市创建实施方案及年度计划确定的综合交通管理政策执行情况。

（三）规划执行情况。公交都市创建实施方案及年度计划确定的相关规划执行情况。

（四）基础设施建设执行情况。公交都市创建实施方案及年度计划确定的基础设施建设执行情况。

（五）公共交通运营系统优化执行情况。公交都市创建实施方案及年度计划确定的公共交通运营系统优化执行情况。

（六）保障措施执行情况。公交都市创建实施方案及年度计划确定的保障措施执行情况。

### 四、预算资金投入和落实情况

（一）投资情况。年度投资总量、主要来源及使用情况。

（二）建设资金到位情况。部、省、市三级建设资金到位情况，包括部支持项目地方配套资金到位情况。

（三）专项资金使用情况。部支持项目专项资金使用情况。

### 五、创建工作经验和建议

（一）主要成效与经验。年度创建工作取得的成效和经验。

（二）存在问题及不足。总结创建工作中出现的问题，并提出针对性解决措施。

（三）创建工作建议。提出进一步推进公交都市创建工作的相关建议。

### 六、下一年度工作计划

（一）年度目标。结合年度重点工作，提出年度创建目标，设定考核评价指标年度目标值。

（二）规划政策制定计划。计划出台的公共交通相关政策、法规、条例和标准，计划编制或修编的公共交通相关规划。

（三）基础设施建设计划。公交都市基础设施建设重点工程工作计划。

（四）资金保障计划。资金投入计划及投融资渠道。

# 交通运输部办公厅关于落实公交都市创建城市支持政策推进城市综合客运枢纽建设有关事项的通知

(2014年7月30日　交办运〔2014〕149号)

各省、自治区、直辖市、新疆生产建设兵团交通运输厅（局、委）：

为加快落实公交都市创建城市支持政策，按照《交通运输部关于推进公交都市创建工作有关事项的通知》（交运发〔2013〕428号）要求，经部领导同意，现就推进城市综合客运枢纽建设工作有关事项通知如下：

一、建立城市综合客运枢纽建设项目库。部已分两批确定了37个城市作为公交都市建设示范工程创建城市，并明确支持创建城市加快建设城市综合客运枢纽。城市综合客运枢纽包括四类：一是城市公共交通与两种及以上对外交通方式相衔接的综合客运枢纽，二是城市公共交通与城际客运站相衔接的综合客运枢纽，三是城市公共交通与城乡公路客运站相衔接的综合客运枢纽，四是适当考虑与城市轨道交通相衔接的综合换乘枢纽。部将建立统一的公交都市创建城市的综合客运枢纽建设项目库。各有关省级交通运输主管部门要组织辖区内的创建城市做好项目确定和申报工作，根据公交都市创建工作实施方案，科学确定城市综合客运枢纽建设项目，明确项目建设规模、功能定位、投资预算、融资方案、进度安排等。每个创建城市申报城市综合客运枢纽建设项目的数量原则上不超过5个。部将根据公交都市创建工作总体要求并结合创建城市实际，对各省级交通运输主管部门组织申报的项目进行审核，符合部支持政策要求的，纳入部统一的项目库。

二、做好城市综合客运枢纽建设项目部投资补助资金申报工作。对于经部审核通过并纳入项目库的项目，省级交通运输主管部门根据项目前期工作进展，可按照部相关程序和要求，向部申请城市综合客运枢纽建设项目投资补助资金。

三、加强城市综合客运枢纽建设管理。各有关省级交通运输部门和创建城市交通运输主管部门，要加强对资金使用过程的监督管理，确保投资补助资金合理、有效使用。同时，各有关省级交通运输部门要组织创建城市，严格按照交通运输部制定的相关建设要求、规范和标准，加强项目建设过程监管，建立完善城市综合客运枢纽建设工作机制和保障措施，确保城市综合客运枢纽建设任务顺利完成。

# 交通运输部办公厅关于全面推进公交都市建设等有关事项的通知

(2016年11月30日　交办运〔2016〕157号)

为进一步贯彻落实《国务院关于城市优先发展公共交通的指导意见》(国发〔2012〕64号)等有关文件精神,按照《城市公共交通"十三五"发展纲要》(交运发〔2016〕126号)有关部署,经交通运输部同意,决定"十三五"期重点面向全国地市级以上城市推进公交都市建设,力争到"十三五"末建成一批具有特色主题的公交都市城市。部将对公交都市创建城市内相关综合客运枢纽建设给予支持。现将全面推进公交都市建设有关事项通知如下:

## 一、创建主题

以实现城市与城市交通可持续发展为落脚点,突出"推进城市绿色出行、提高城市运行效率"发展思路,注重城市交通的综合管理,营造绿色出行环境和氛围,围绕"规划引领、智能公交及互联网+、快速通勤、综合衔接、绿色出行、都市圈交通一体化、城市交通综合管理"等主题开展公交都市建设,推动城市公共交通优先发展战略全面深入落实。

## 二、申报条件

申报"十三五"期公交都市创建城市,原则上应当满足以下条件:

(一)地级市、地级行政单位(含地区、自治州和盟)政府所在地,适当兼顾城区常住人口在50万人以上的县级市。

(二)城市人民政府高度重视城市公共交通优先发展,已编制或出台城市公共交通支持政策及专项规划等。

(三)城市具备一定的公共交通优先发展和绿色出行基础,基本能够满足市民出行需求。

三、申报程序

（一）城市申报。省级交通运输主管部门组织辖区内各有关城市进行申报。符合条件的城市人民政府，可按照本通知的相关要求，结合城市发展特点认真组织编制公交都市建设实施方案，报省级交通运输主管部门。

公交都市建设实施方案应主要包括以下内容：城市发展概况和创建公交都市优势；城市公共交通发展现状；申报年城市公共交通发展水平评价指标及计算方法；公交都市建设总体思路和建设周期；公交都市创建主题及特色；公交都市创建目标和评价指标体系的创建目标值；创建期内拟在基础设施、政策规范、智能化、体制机制、综合管理等方面开展的各项工作、进度安排和职责分工；年度督导考核评价机制和管理机构设置；涉及组织领导、土地、资金相关的保障措施等。

（二）省级推荐。各省级交通运输主管部门应遵循公平、公正、公开的原则，对申报城市材料进行审核，形成审核报告，并按照推荐的优先顺序对相关申报城市排序后，填写《××××省（区、市）申报公交都市建设情况汇总表》（见附件），相关材料于2017年3月10日前一并报交通运输部。

（三）部择优确定。交通运输部对各省上报的审核报告和城市申报材料等进行综合评价，择优确定相关城市列入公交都市主题创建备选城市，并分批对外公布。

四、动态推进公交都市建设

（一）对各创建城市情况进行动态监测评估。创建期间，部将组织专家组开展城市实地调研、督促检查，推进创建工作。各省级交通运输主管部门指导各创建城市按时开展年度自评工作，并汇总本省各有关城市创建工作情况，于每年12月20日前报部。创建工作结束后，部将组织专家组开展评估工作，对达到创建要求的确定为公交都市主题创建城市。

（二）开展全国城市公共交通发展指数发布工作。部将研究制定城市公共交通发展指数相关评价指标体系，组织开展全国城市公共交通发展水平评价工作，重点监测城市交通绿色出行分担率、公共交通站点覆盖率、公共汽电车运营线路网覆盖率、公共汽电车进场率、公交专用道建设完成率、公共交通正点率等指标。推进实施城市公共交通发展水平数据上报制度，依托"公交都市发展监测与考核评价系统"部级平台和互联网技术，多渠道采集数据，探索发布创建城市公共交通发展指数，推动各地更好落实城市公交优先发展战略。

**五、工作要求**

（一）提高思想认识。各级交通运输主管部门要牢固树立并贯彻落实"创新、协调、绿色、开放、共享"发展理念，深入贯彻和推动落实城市公共交通优先发展战略，坚持"科学规划、统筹发展，政府主导、示范带动，因地制宜、分类推进"的原则，全面推进公交都市建设，提升城市交通综合治理能力，进一步确立公共交通在城市交通中的主体地位，促进公共交通与城市建设协调发展，让城市交通更顺畅、更安全、更便捷、更经济、更舒适。

（二）加强组织保障。各省级交通运输主管部门和公交都市创建城市要高度重视和积极推进公交都市建设专项行动。省级交通运输主管部门要组织做好本辖区内公交都市建设的相关工作，进一步加强对城市交通运输主管部门的指导，督促各城市按照建设实施方案认真做好公交都市建设工作。各创建城市交通运输主管部门要在城市人民政府的统一领导下，会同有关部门加强工作联动，建立协作机制，牵头做好公交都市建设专项行动的任务分解和督促落实，确保创建工作稳步推进。

（三）完善支持政策。各省级交通运输主管部门要将创建城市的重大交通基础设施建设纳入交通固定资产投资计划，指导和支持有关城市加快推进创建工作。各创建城市交通运输主管部门要按照创建工作要求，积极争取城市人民政府的支持，加快建立完善规划、用地、路权、资金、财税扶持等方面的配套政策。对于建设过程中出现的新情况、新问题及相关政策建议，要及时上报。

（四）加强宣传交流。各级交通运输主管部门要积极利用网络、电视、报纸、新媒体等渠道，以及部网站公交都市建设示范工程专栏、微信公众号等平台，加大宣传力度，提高公众参与度，为全面推进公交都市建设创造良好的社会舆论氛围。要及时总结、推广创建经验，不断增强公共交通对促进城市经济社会发展的保障作用。

附件：××××省（区、市）申报公交都市建设情况汇总表

附件

## ××××省(区、市)申报公交都市建设情况汇总表

填报单位(盖章):

| 序号 | 城市名称 | 城市类型 | 城区常住人口(万人) | 创建主题 | 创建周期 | 备注 |
|---|---|---|---|---|---|---|
|  |  |  |  |  |  |  |
|  |  |  |  |  |  |  |
|  |  |  |  |  |  |  |
|  |  |  |  |  |  |  |
|  |  |  |  |  |  |  |
|  |  |  |  |  |  |  |

填表人:　　　　　联系电话:　　　　　传真:　　　　　电子邮件:

注:1. 按照《国务院关于调整城市规模划分标准的通知》(国发〔2014〕51号),城市类型可分为:Ⅰ型小城市、Ⅱ型小城市,中等城市,Ⅰ型大城市、Ⅱ型大城市,特大城市,超大城市。

2. 创建周期应填写为××××年××月—××××年××月。

# 四、公交智能化应用示范工程

# 交通运输部办公厅关于加快推进城市公共交通智能化应用示范工程建设有关事项的通知

(2014年4月22日　厅运字〔2014〕79号)

各省、自治区、直辖市、新疆生产建设兵团交通运输厅（局、委），天津市交通运输和港口管理局：

为贯彻落实《公路水路交通运输信息化"十二五"发展规划》（交规划发〔2011〕192号）及《公路水路交通运输信息化"十二五"发展规划推进方案》（厅规划字〔2012〕12号），交通运输部决定加快推进城市公共交通智能化应用示范工程建设工作。现将有关事项通知如下：

一、加快开展城市公共交通智能化应用示范工程建设项目前期工作。结合专家评审结果，经综合研究，确定支持太原、石家庄、青岛、武汉、株洲、贵阳、苏州、乌鲁木齐、杭州、保定、银川、兰州、昆明、宁波、合肥、南昌、新乡、上海、沈阳、西宁、柳州、福州、海口、呼和浩特、天津、长春共26个城市开展城市公共交通智能化应用示范工程建设。请有关省级交通运输主管部门组织项目建设单位按照交通运输部编制的城市公共交通智能化应用示范工程建设指南，并结合专家评审意见，加快编制城市公共交通智能化应用系统建设项目可行性研究报告，报省级人民政府授权的主管部门审批。

二、报送城市公共交通智能化应用示范工程建设项目资金申请报告。项目可行性研究报告获得批准后，有关省级交通运输主管部门要按照《交通运输部办公厅关于规范行业信息化建设项目前期工作管理的通知》（厅规划字〔2014〕41号）要求组织编制资金申请报告。凡符合条件并申请明年补助资金的应于2014年6月30日前报交通运输部。

三、规范城市公共交通智能化应用示范工程建设工作。有关省级交通运输部门要组织项目建设单位严格按照交通运输部编制的城市公共交通智能化应用示范工程建设指南和相关行业标准规范开展系统建设，加强项目建设过程监管，严格补助资金使用管理，建立完善城市公共交通智能化应用示范工程建设体制机制和保障措施，确保实现城市公共交通智能化应用示范工程建设目标。项目建设过程中，请技术支撑单位交通运输部科学研究院和交通运输部公路科学研究院加强技术指导，为开展全国公共交通数据库建设和城市公共交通发展水平绩效评价工作提供支撑。

# 交通运输部办公厅关于印发城市公共交通智能化应用示范工程建设指南的通知

(2014年5月28日　厅运字〔2014〕105号)

各省、自治区、直辖市、新疆生产建设兵团交通运输厅（局、委），天津市交通运输和港口管理局：

为规范城市公共交通智能化建设，根据《交通运输部关于推进公交都市创建有关事项的通知》（交运发〔2013〕428号）、《公路水路交通运输信息化"十二五"发展规划》（交规划发〔2011〕192号文印发）和《公路水路交通运输信息化"十二五"发展规划推进方案》（厅规划字〔2012〕12号文印发），交通运输部组织编制了《城市公共交通智能化应用示范工程建设指南》（以下简称《指南》）。

《指南》旨在进一步加强对城市公共交通智能化应用示范工程建设的技术指导，规范示范工程建设思路、总体架构及系统功能等，保证示范工程的整体性、协调性和集约性，强化部、省、市之间的信息共享与业务协同，确保示范工程取得实效。

现将《指南》印发给你们，请结合工作实际，认真组织落实。

附件：城市公共交通智能化应用示范工程建设指南

附件

# 城市公共交通智能化应用示范工程建设指南

中华人民共和国交通运输部

# 前　言

"城市公共交通智能化应用示范工程"是《公路水路交通运输信息化"十二五"发展规划》（交规划发〔2011〕192号文印发）确定的三个重点领域示范试点工程之一，是落实城市公共交通优先发展战略，推进公交都市创建的重要内容。本工程将在整合现有相关资源的基础上，通过信息化、智能化手段，提高城市公共交通企业的运营调度与管理效率，增强行业管理、决策与应急能力，提升乘客出行信息服务水平，并为加快推进城市综合交通、智慧交通、绿色交通、平安交通建设，提供有力支撑。

为更好指导各城市开展城市公共交通智能化应用示范工程建设，明确工程建设内容和建设要求，保证工程在不同层级间、不同城市客运方式间以及与相关信息系统的整体性、协调性和集约性，按照《公路水路交通运输信息化"十二五"发展规划推进方案》（厅规划字〔2012〕12号文印发）的相关要求，制定本指南。

工程建设必须严格遵守相关国家标准、行业标准以及工程标准。所需的数据交换、通信协议、技术要求等相关标准规范由部另行制定。

本指南由工程技术支持单位交通运输部科学研究院起草。

# 第一章 总体要求

## 一、建设目的

通过城市公共交通智能化应用示范工程建设达到如下目的：一是改进城市公共交通行业运行与服务监管方式，完善城市公共交通运行状态与数据采集体系，提升企业智能调度与运营管理效率，提高城市公共交通行业动态监测、分析决策与服务监管能力；二是改进城市公共交通乘客出行信息服务方式，构建内容丰富、形式多样、及时可靠的城市公共交通出行信息服务体系，提高公共交通系统的出行信息服务能力；三是改进城市公共交通数据资源共享方式，促进城市公共交通不同客运方式间、城市公共交通企业与交通运输主管部门间的业务协同联动效率，全面提升公共交通系统的运输服务效能。

## 二、建设范围

本工程的建设范围主要包括城市公共汽电车系统的企业智能监控调度、乘客出行信息服务、行业运行监管与综合分析，并考虑与城市轨道交通、出租汽车、公共自行车、城市轮渡、综合客运枢纽等其他城市客运系统之间的信息互通。快速公交（BRT）运行监测系统纳入本工程统筹考虑。各地可根据当地城市公共交通的发展实际，适当扩展工程的建设范围。

## 三、建设定位

工程建设应围绕深化落实城市公共交通优先发展战略，支撑公交都市建设，以城市公共汽电车运营企业、乘客、城市交通运输主管部门为主要服务对象，建设城市公共交通智能化系统。工程以完善构建城市公共交通运行监测体系为重点，加快推进公共交通行业的运行状态日常监测与预警、服务监管、分析决策，实现城市公共汽电车系统的协同调度，并提供及时可靠的出行信息服务。各城市可根据当地实际需求与建设条件，相应拓展业务功能。

通过示范工程建设，为后续顺利开展多源客流数据的深度融合分析、城市多种客运方式的协同运行与指挥调度、异常状态的应急联动处置、综合出行信息服务等奠定基础。

## 四、建设思路

采用"政府引导、多方参与、共建共享"的建设模式，遵循"强化数据建设，突出应用效能，提升服务质量，建立长效机制"的建设思路，确保工程满足近期需求，兼顾未来发展。

（一）强化数据建设。以城市公共汽电车车辆、场站、客流等运行状态的动态监测为核心，强化交通运输主管部门与运营企业间的数据交换与共享，基本建成包含交通运输主管部门和公共交通企业两个层级的城市公共交通数据资源体系，并确保各类数据的真实性、准确性与及时性。

（二）突出应用效能。工程建设应着眼于为城市交通运输主管部门实现动态监测行业运行状态、增强服务质量与安全监管能力、提升综合决策水平等发挥重要支撑作用，为城市公共交通企业提高运营效率、管理水平和服务质量等发挥应用实效。

（三）提升服务质量。工程建设应致力于为乘客提供及时准确、便于获取的出行与换乘服务信息，并加强与实时路况信息相结合的动态信息服务，让出行者切实感受到信息服务的便利。

（四）建立长效机制。在工程建设过程中，必须同步建立信息采集、交换和质量保障机制，研究建立合理可行的运行维护保障机制，以确保城市公共交通信息化建设良性发展。

## 五、建设原则

（一）需求导向。工程建设应充分体现以人为本、便民利民的服务理念，充分考虑用户需求，优化城市公共交通的运行调度与规范化管理，建设丰富实用、经济便捷的一体化出行信息服务体系，使出行信息服务惠及最广大的乘客。

（二）资源集约。应充分整合利用各地现有的动态监测设备、数据资源中心、基础通信网络、数据交换平台、机房等信息化基础条件，统筹规划和推进城市公共交通智能化应用示范工程建设，加强各类相关数据资源的整合与共享，实现与已有、在建系统间的功能接口设计和应用集成，避免重复建设，提高行业信息化的资源整合与规模效益。

（三）业务协同。工程建设应着眼于构建现代城市综合交通运输体系，加强工程顶层设计，明确不同城市客运方式间、公共交通企业与交通运输主管部门间、城市客运与其他行业之间的业务协作关系，保证行业、企业间相关业务的协调联动。

（四）标准统一。工程建设应严格遵守相关国家标准、行业标准和部组织制定的本工程相关终端设备、应用系统、信息资源、信息交换、信息服务等标准规范，保证信息高效共享和业务有效联动，形成协调统一的有机整体。

（五）架构开放。工程建设应以保证系统可靠运行和持续发展为前提，采用开放式架构设计，满足业务功能扩展需要，加强与其他相关信息系统架构统筹协调和有效融合，共建共享相关资源。

## 六、建设目标

根据《公路水路交通运输信息化"十二五"发展规划》（厅规划字〔2011〕12号文印发）要求，确定本工程的建设目标如下：

（一）提升城市公共交通运行监测水平。

——完善城市公共交通行业基础信息采集能力。在工程确定的示范区域内，城市公共汽电车系统的基础信息（企业信息、从业人员信息、车辆信息、线路信息、专用道信息、站点信息、场站信息等）采集入库比率达到100%。

——完善城市公共交通动态监测体系建设。其中城市公共汽电车车载智能服务终端（车载定位调度服务一体机、视频监测设备）、公共交通一卡通（以下简称IC卡）刷卡机应在工程确定的示范范围内实现全覆盖安装。车载智能服务终端的平均上线率应不低于95%。城市公共汽电车系统的运行信息（包括运营计划信息、运营服务信息、车辆运行信息和安全事故信息等）采集入库比率应达到100%。原则上，客流统计器应在工程确定的示范范围内实现全覆盖安装。

——BRT系统站台视频监控设备安装率应达到100%，并实现BRT系

## 四、公交智能化应用示范工程

统站台监控范围的全覆盖。重点枢纽站及公共汽电车首末站视频监控设备安装率应达到100%，并实现场站服务范围监控的全覆盖。

——出租汽车、轨道交通、城市轮渡等其他城市客运方式已实现动态监控调度管理的，应实现公共汽电车系统与其他城市客运方式间的数据共享。未实现的，应预留数据接口。

（二）提升城市公共交通企业智能化调度水平。

——已安装车载智能终端的公共汽电车车辆应100%实现智能调度、车辆动态监控、调度计划的自动生成以及动态排班等功能。

——建设有BRT系统的，应实现BRT系统与普通公共汽电车系统的协同调度。

（三）提升城市公共交通出行信息服务水平。

——应为乘客提供线路、首末班发车时间、换乘、票制票价等基础出行信息。

——已实现智能化调度的城市公共汽电车线路，应向乘客提供车辆位置、车辆到站预报等动态信息服务，具体信息服务形式可根据各地建设条件确定。

——已实现多种客运方式信息共享的，应为乘客提供综合出行信息服务。

——能够通过网站、移动终端、电子信息服务屏等多种渠道，为乘客提供出行信息服务。

——科学论证LED（发光二极管）、LCD（液晶显示器）与触摸屏等电子信息服务屏建设必要性，如需建设，原则上应优先选择BRT站点、两种以上城市客运模式换乘站点、客运枢纽等客流密集区域进行布设。

（四）提升城市公共交通行业监管决策水平。

——通过两级城市公共交通数据体系的建设，实现交通运输主管部门对城市公共交通行业基础信息以及运行状态信息的准确和及时掌握，增强交通运输主管部门监管能力，促进行业管理规范化。

——通过对城市公共交通数据资源的综合利用，建设相应的应用系统，支撑服务质量考核、发展水平评价、公交都市考核评价、线网优化调整等科学决策。

（五）提升城市公共交通安全保障水平。

——提升城市公共汽电车车辆及场站等重点设施的运行状态监测与安全防控能力。

——增强城市公共汽电车运行状态异常监测与预警能力，提升城市公共交通系统应急反应能力和安全保障水平。

——有条件的城市应加强与其他城市客运方式指挥调度与应急处置系统的协调联动。

工程建设过程中，可结合当地实际情况和需求，在满足本指南所提出的建设目标基础上，适当外延工程建设内容，提出合理可行的建设目标，并明确工程建设的效能性指标。

**七、建设任务**

城市公共交通智能化应用示范工程初步建成"一套体系、一个中心、三大平台"。具体建设任务如下：

（一）建设城市公共交通运行状态监测体系。充分发挥现有公共汽电车车载终端以及场站视频监控等终端设备的监控和信息采集能力，并进行重点补充建设，建成完善的城市公共交通运行状态成套监测体系。

（二）建设城市公共交通数据资源中心。完善建设城市公共交通企业数据资源，通过整合和汇聚企业公共交通数据资源和行业其他相关信息资源，建成行业统一的公共交通数据资源中心，形成城市公共交通企业和交通运输主管部门两个层级的公共交通数据资源体系。

（三）建设城市公共交通企业运营智能调度平台。充分利用现有基础条件，完善建设企业运营信息管理、运行动态监控、调度计划与动态排班、智能调度管理等系统功能。

（四）建设乘客出行信息服务平台。充分发挥现有各类信息发布终端的信息服务能力，并进行重点补充建设；由行业、企业共同建设乘客出行信息服务平台，通过多种手段，及时为乘客提供综合公共交通出行信息服务。

（五）建设城市公共交通行业监管平台。实现基础业务管理、安全应急管理、服务质量考核与发展水平评价、统计决策分析等系统功能。

各城市可根据工程建设目标和建设条件，进一步丰富工程建设任务。

## 第二章 系统架构

### 一、业务架构

根据工程业务范围，工程包括城市公共交通企业运营调度管理、乘客出行信息服务、行业运营监管与决策三大业务。

本工程涉及三方面内外部业务协同关系：一是城市公共汽电车系统与其他城市客运方式（如轨道交通、出租汽车、城市轮渡等）间的运行协调与联动；二是城市公共汽电车系统与城市对外交通方式（如民航、铁路、长途客运等）间的运行协调与联动；三是城市客运与其他相关部门（如公安、消防等）间的监管协同与应急联动。

本工程还涉及城市交通运输主管部门与相关城市公共交通企业间的业务协同，并考虑与部、省级交通运输主管部门之间的业务对接。

各地应根据当地城市公共交通行业发展状况、管理体制以及企业经营管理模式，合理确定工程业务架构，明晰城市交通运输主管部门及相关业务部门、各城市公共交通企业的业务功能及分工协作关系，构建合理的业务运行管理机制。工程业务架构如图2-1所示：

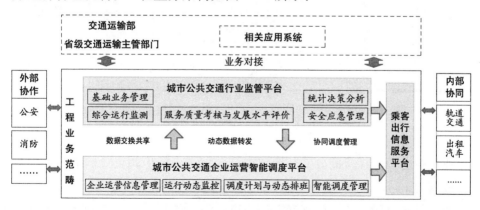

图2-1 工程业务架构图

## 二、数据架构

本工程涉及城市公共交通的基础数据、运行监测数据、综合分析数据、出行信息服务数据。数据逻辑架构采用行业、企业两级数据资源体系（如图2-2所示），物理架构可根据各城市的建设条件、行业管理体制及企业经营管理模式，合理部署包括交通运输主管部门和企业两个层级的数据资源体系。数据库建设应遵循信息资源规划思想，坚持"一数一源"的原则，避免重复采集。

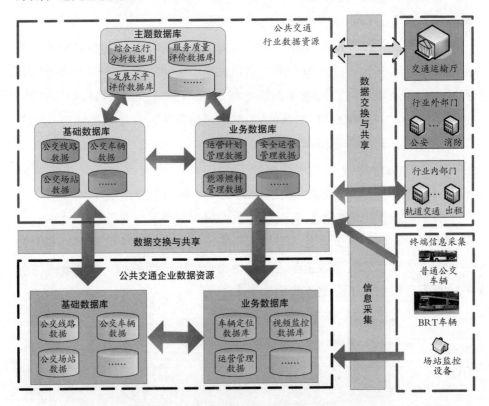

图2-2 城市公共交通数据资源逻辑架构体系

由交通运输主管部门统一建设城市公共交通数据资源中心，构建涵盖企业和行业两个层级的公共交通数据资源体系。其中，企业层级主要面向企业监控调度、运营服务、安全管理等过程，实现对公交交通基础数据、动态运行信息的采集、处理和存储，形成统一的公共交通基础数据库和业务数据库；行业层级主要面向公共交通基础业务管理、综合运行监测、应急指挥调度、服务质量考核与发展水平评价、行业分析决策和乘客出行信息服务等业务需求，通过定期交换共享和实时采集的方式分别获取公共交通的基础数据、动态运行数据，形成统一的公共交通基础数据库、业务数据库与主题数据库，并为部、省级交通运输主管部门提供数据支撑。

### 三、应用架构

本工程建设内容包括城市公共交通企业运营智能调度、乘客出行信息服务、城市公共交通行业监管三大应用平台。企业运营智能调度平台原则上应由企业建设，也可由城市交通运输主管部门统一组织集中建设，交由企业使用；乘客出行信息服务平台可根据服务需求和形式的不同，由企业、交通运输主管部门共同建设；城市公共交通行业监管平台应由交通运输主管部门建设。

各城市应根据工程业务范围建设相应的业务应用系统，在保证实现工程建设目标的前提下，以城市现有信息化条件为基础，在工程相关单位间合理确定应用系统的功能模块和系统架构。

### 四、技术架构

本工程技术架构应按照《公路水路交通运输信息化"十二五"发展规划推进方案》（厅规划字〔2012〕12号文印发）提出的信息化框架体系总体要求，加强与其他信息系统技术架构的统筹协调，共建共享统一支撑城市交通运输信息化发展的技术和保障体系，防止不同工程间技术体系分化，避免重复建设，实现集约发展，提高行业信息化的规模效益。

应根据系统的应用架构与数据架构，在城市交通运输主管部门、公共交通企业间合理配置相应的数据管理等应用支撑平台、主机及存储系统、通信网络系统、信息安全系统、应用系统、数据采集终端系统等技术资源。应考虑与部、省级交通运输主管部门以及城市其他相关部门间的业务对接。

### 五、系统布局

各城市应根据现有建设条件和城市交通运输信息化总体规划，按照资源集约的原则，综合考虑管理体制、业务布局、数据架构、应用架构和技术架构等因素，合理确定系统布局方案，在交通运输主管部门或公共交通企业集中或分布部署软硬件平台。

城市公共交通行业监管平台原则上应部署在交通运输主管部门，通过交通行业政务外网与省、部级相关信息化平台实现业务衔接和信息共享。公共交通企业运营智能调度平台原则上应部署在公共交通企业，也可由城市交通运输主管部门集中统一部署，通过VPN或专线实现与城市公共交通行业监管平台的衔接与信息共享。乘客出行信息服务平台可部署在交通运输主管部门或企业。

**六、工程边界**

（一）与城市已有及在建相关信息系统的关系。

本工程应基于现有城市交通运输主管部门交通信息化建设成果，进行改造、完善、升级，避免投资浪费。

业务应用方面，按照城市交通运输主管部门现有的应用架构，升级完善已有相关应用系统功能，并基于统一配置的应用支撑平台，补充建设相关应用系统。

数据资源方面，应按照城市交通运输主管部门现有的数据资源体系，深入评估现有数据资源内容和质量，在充分利用现有数据资源的基础上，补充完善所需数据资源及其采集系统，并基于统一配置的数据管理平台进行数据集成与交换共享，实现与其他城市客运方式信息系统、城市其他相关部门（公安、消防等）信息系统间的数据共享。

（二）与上级交通运输主管部门相关信息系统的关系。

本工程应预留与"城乡道路客运燃油消耗信息申报系统"、"城市公共交通发展水平绩效评价系统"等上级交通运输主管部门相关信息系统的数据接口。

## 第三章　系统功能

本工程应围绕城市公共交通企业、乘客、交通运输主管部门三方的业

## 四、公交智能化应用示范工程

务需求，实现城市公共交通企业运营智能调度、乘客出行信息服务和行业监管三大系统功能。

**一、城市公共交通企业运营智能调度平台功能**

城市公共交通企业运营智能调度平台功能主要包括企业运营信息管理、运行动态监控、调度计划与动态排班、智能调度管理等。

（一）企业运营信息管理。

主要包括运营计划、车辆与班次计划、调度系统内各相关要素、运营指标等相关信息的管理和统计分析等功能。

（二）运行动态监控。

1. 车辆运行监控：主要包括以模拟方式和电子地图方式实现车辆的动态监控。可基于电子地图动态显示车辆的实时位置、运行速度、车辆关键设备的运行状态、车辆及线路运营管理等信息，并能实现车辆运行轨迹回放、车载视频动态监控与回放、车辆运行异常状态的报警监控等功能。

2. 客流动态监测：通过IC卡刷卡机、智能投币机、客流采集器等方式采集各站点上下车客流量信息，并能对客流数据进行统计分析，基于电子地图监测客流的时空分布。

3. 场站动态监测：通过视频监控等方式，对场站的基础设施情况、客流情况、到发车情况、设备运行情况等进行动态监控，可远程实时调用。

（三）调度计划与动态排班。

主要包括调度计划自动生成和动态排班功能。

1. 调度计划自动生成：能够根据企业配车、车辆保养、站务调整等计划，实现行车计划的自动编制；

2. 动态排班：能够根据线路行车计划、驾驶员出勤、交通路况和线路客流等情况，动态优化车辆排班。

（四）智能调度管理。

能够支持发车调度、运营过程实时调度、包车调度、维修与抢险调度等功能，自动向显示屏、发车牌和车载系统发送调度指令。能够根据上级管理部门的重大突发事件应急处置需求，进行应急调度。

各城市可根据当地实际情况采用合适的智能调度模式。公共交通企业可根据各自管理需求建设企业资源管理系统，与运营智能调度平台实现有效衔接，提高企业运营服务效率。

## 二、乘客出行信息服务平台功能

乘客出行信息服务平台主要通过网站、电子信息服务屏、移动终端（智能手机应用等）、服务热线等多种方式，为不同出行阶段的乘客提供动态、多样化的公共交通出行信息服务，并畅通乘客对城市公共交通发展的咨询、建议、服务评价与投诉等渠道。

（一）信息服务的内容。

信息服务的内容主要包括静态、动态两大类信息。

1. 静态信息主要包括：企业基本信息、票制票价、线路、场站、换乘、首末班时间等基本出行信息。

2. 动态信息主要包括：车辆位置、车辆到站预报、车辆拥挤情况、运行异动、场站运行状态、道路路况、交通管制等信息。

（二）信息服务的要求。

出行前：通过网站、移动终端、服务热线等方式获取出行方式、线路、换乘、出行时间、费用、动态路况等出行信息。

出行中：候车时可通过站台电子信息服务屏、移动终端、服务热线等信息服务方式查询和获取公共交通线路、车辆位置、首末班车时间、预计到达时间、换乘诱导等出行信息。乘车中可通过车厢内电子信息服务屏、语音播报、移动终端等信息服务方式查询和获取公共交通服务信息，如车辆到站信息预报、交通路况、天气情况、运行异动等信息。

出行后：可通过网站、移动终端、服务热线等多种形式为乘客提供咨询、服务评价、投诉建议、失物招领等信息服务。

各城市应结合各自的特点，充分整合利用各种社会资源以及移动互联网等新技术，创新出行信息服务方式，根据构建现代城市综合交通运输体系的总体要求，为公众构建一体化的出行信息服务体系。

## 三、城市公共交通行业监管平台功能

城市公共交通行业监管平台重点为交通运输主管部门提供行业监管与决策服务，主要功能包括基础业务管理、综合运行监测、安全应急管理、服务质量考核与发展水平评价、统计决策分析等。

（一）基础业务管理。

基础业务管理功能主要包括日常业务管理、服务监督管理、政务信息公开等三方面。

1. 日常业务管理：包括对企业、从业人员、线路、车辆、场站等要素的相关信息的登记、变更与核对等信息化管理，以及基础信息查询、汇总统计等功能。

2. 服务监督管理：包括对公共交通企业、车辆、从业人员的违规信息管理，实现对企业运营过程中的违法违规行为和处罚情况进行登记备案的信息化跟踪管理。

3. 政务信息公开：通过网站等多种方式发布公共交通行业的相关政策法规、办事指南与公告，为公众提供服务监督、投诉与建议的渠道。

（二）综合运行监测。

面向城市公共交通在运行、安全、服务等方面，进行动态监测与管理，包括车辆运行监测、客流动态监测、场站动态监测，有条件的城市可实现路网动态监测功能。

1. 车辆运行监测：可根据需要，基于电子地图方式实现对营运车辆运行状态、视频监控信息等的调用与监测。

2. 客流动态监测：可基于电子地图方式实现对各种设备所采集客流数据的动态监测。

3. 场站动态监测：可根据需要，对接入场站视频监控信息进行调用和动态监测。

（三）安全应急管理。

安全应急管理主要包括应急资源管理、应急响应管理。

1. 应急资源管理：应包括对城市公共交通的应急救援物资、应急知识库、应急预案、案例库等方面的管理功能。

2. 应急响应管理：及时发布应急信息。基于相关应急信息资源，可支持辅助会商决策、协同调度方案生成等。有条件的城市可进一步深化功能内涵，为实现应急指挥调度管理、应急事后评估等创造条件。

（四）服务质量考核与发展水平评价。

1. 服务质量考核：根据城市公共汽电车企业服务质量考核相关标准，建立评价指标体系与模型，实现对企业服务质量的考核。

2. 发展水平评价：根据城市公共交通发展水平评价的相关标准，建立评价指标体系和评价模型，实现对各评价指标的统计分析、计算和整体评价分析。

3. 公交都市发展监测：根据交通运输部印发的《公交都市考核评价指标体系》，实现对各评价指标的统计分析、计算和整体评价分析。

（五）统计决策分析。

包括对城市公共交通的运力、客运量、运行安全、效率等方面的统计分析功能，支持输出各类汇总、统计分析报表等功能。有条件的城市可提供线网站点优化调整等辅助分析功能。

1. 运力统计分析：应包括对企业各线路的发车班次数、班次兑现率、运营计划完成情况、运营里程等统计分析功能。

2. 客运量统计分析：应包括对客运量、换乘量等信息的统计分析功能，并具备运力与运量的适应度分析功能。

3. 运行效率统计分析：应包括准点率、首末班发车正点率、平均运行速度等方面的统计分析功能。

4. 运行安全统计分析：应包括对公共汽电车的超速、越线、甩站、违规开关门等违规驾驶情况，以及安全事故统计、安全运行间隔里程、行车责任死亡事故频率等方面的统计分析功能。

5. 能源消耗统计分析：有条件的，可包括各种方式的公共汽电车能源消耗情况明细查询、综合查询，并进行各类统计汇总分析和趋势变化分析等功能。

## 第四章　信息资源

一、信息内容

城市公共交通数据资源中心应包括企业、从业人员、车辆、运营线

## 四、公交智能化应用示范工程

路、站点、停保场、专用道、客运枢纽、地理空间数据等公共交通基础数据；车辆运行、视频监控、运营计划、运营服务、运营事故、应急资源等公共交通运行数据；综合统计分析、服务质量考核、发展水平评价、乘客出行服务等主题数据。行业数据资源中心数据需求详见表4-1。

各城市在工程建设的过程中，可适当扩展数据资源中心的相关数据内容，以满足各自的管理业务需求。

行业数据资源中心数据需求　　　　　　　　　　表4-1

| 序号 | 类别 | 内容 | 最低更新频率 |
|---|---|---|---|
| 一 | | 公共交通基础信息 | |
| 1 | 公共交通企业 | 企业名称、企业组织机构代码、企业地址、企业类型、注册资金、员工人数、运营线路数、法定代表人、联系方式、经营资质、安全生产标准化达标、服务质量信誉等级等基础信息 | 每年更新 |
| 2 | 从业人员 | 姓名、性别、出生日期、身份证件类型、身份证件号码、联系地址、联系电话、工种、驾驶证、培训、继续教育等基本信息 | 每季度更新 |
| 3 | 车辆 | 车牌号码、所属企业编码、车辆类型、车牌颜色、车辆长度、车架号、发动机号、燃料类型、排放标准、座位数、额定载客人数、购置及使用、设备配置等基础信息 | 变动更新 |
| 4 | 运营线路 | 线路名称、线路长度、平均站距、运行线路图、站序、线路类型、详细站点、运营时间、票价等基础信息 | 变动更新 |
| 5 | 公交站点 | 名称、位置、站点类型、站台类型、站牌类型、站牌数量、其他设施等信息 | 变动更新 |
| 6 | 公交专用道 | 所在道路名称、起点位置、终点位置、长度、车道宽度、设置方式等信息 | 每季度更新 |

续上表

| 序号 | 类别 | 内容 | 最低更新频率 |
|---|---|---|---|
| 7 | 公共交通枢纽 | 枢纽名称、对外交通方式、类别、等级、枢纽经纬度等信息 | 每季度更新 |
| 8 | 公交停保场 | 场站名称、面积、场站类型、场站功能、保养级别、维修能力、服务人员数、停车位数量等信息 | 每季度更新 |
| 9 | 地理空间数据 | 城市基础地理空间数据、道路网数据、公共交通地理数据（包括公交线路、专用道、场站）等 | 每季度更新 |
| 二 | | 公共交通运行信息 | |
| 1 | 车辆运行信息 | 车辆编号、所属线路、上下行、定位时间、位置坐标、方向、速度、停靠站点以及车辆总线数据等信息 | 实时更新 |
| 2 | 视频监控信息 | 车内、场站等的视频监控信息 | 按需实时获取 |
| 3 | 客流监控信息 | IC卡刷卡交易信息、带客流统计的智能投币机客流采集信息、其他客流采集设备所采集到的客流信息数据 | 实时更新 |
| 4 | 运营计划信息 | 每日发车计划信息，包括线路编号、时间段、计划发车趟次等信息 | 每日更新 |
| 5 | 运营服务信息 | 发车班次、计划完成情况、运行时间、超速次数、甩站次数、带速开关门次数、运营里程、非运营里程、能源消耗等信息 | 每日更新 |
| 6 | 运营事故信息 | 事故时间、事故地点、事故类型、车辆牌照号、客伤人数、客死人数、经济损失、结案时间、处理结果等信息 | 按照国家安全管理相关规定动态更新 |
| 7 | 应急资源信息 | 应急管理机构、应急队伍、应急物资、应急预案等信息 | 每季度更新 |

续上表

| 序号 | 类别 | 内容 | 最低更新频率 |
|---|---|---|---|
| 三 | | 综合分析与服务信息 | |
| 1 | 综合统计信息 | 发车班次数、班次兑现率等运力信息，首末班发车正点率、平均运行速度等运行效率信息，站点客流、线路客流、断面客流等客流信息 | 每日更新 |
| 2 | 服务质量评价信息 | 评价指标，服务监督，服务投诉，满意度调查等信息，安全性、便捷性、舒适性、可靠性等分项考核信息，总体考核信息 | 按照各地服务质量考核管理办法要求更新 |
| 3 | 发展水平评价信息 | 评价指标信息，公共交通系统综合性能、政府保障能力与管理水平、公众体验、综合效益等分项评价信息，总体评价信息等 | 每年更新 |
| 4 | 乘客服务信息 | 公共交通基础信息、换乘、车辆到站预报、运行异动、交通路况、交通气象、IC卡充值等信息 | 基础数据按需更新动态数据实时更新 |

## 二、信息采集

数据采集要坚持"一数一源、充分共享、持续更新"原则，避免重复采集，确保信息的完整性、及时性、准确性。各类信息的最低采集更新频率要求详见表4-1。

应根据工程建设内容和实际数据需求，综合考虑网络传输等技术条件，采用适合的数据采集方式和技术方案。一般有以下数据采集方式：数据交换平台、数据库共享、网络服务接口、电子数据批量导入、数据人工录入等。数据采集过程中需加强数据质量管理和控制，建立数据质量管控机制和处理流程，包括数据质量监控、数据质量评估、数据质量报告、数据质量问题处理等。

（一）公共交通基础数据。

对于公共交通企业已有基础数据资源，可一次性地通过数据交换方式或电子数据批量导入方式，汇总到城市公共交通数据资源中心。新增数据和变更数据可通过增量更新的方式由交换平台从企业更新到城市公共交通数据资源中心，或企业通过业务管理系统进行数据更新维护，经交通运输主管部门审核后入库。

（二）公共交通动态数据。

公共交通运营动态数据分为两类：

一类为车辆运行状况实时信息，如车辆实时位置信息、视频监控信息等。车辆实时位置信息可通过无线通讯方式或通过公共交通企业配置的通信服务器，在传输至企业的同时，实时转发至城市公共交通数据资源中心。视频监控信息本地存储，可按需调用。

另一类为运营统计数据，如电子路单、车辆燃油消耗等，主要通过数据交换平台或电子数据批量导入的方式，定期采集至城市公共交通数据资源中心。

### 三、信息整合

工程建设过程中应收集已有相关数据资源，进行处理和整合利用。信息整合内容主要包括交通地理信息、车辆动态位置信息、视频监控信息以及其他信息。

（一）交通地理信息。

工程建设应遵照《基础地理信息数字产品》系列标准、《基础地理信息要素数据字典》（GB/T 20258.4）、《基础地理信息要素分类与代码》（GB/T 13923）、《基础地理信息标准数据基本规定》（GB 21139）等国家及行业标准，整合建设统一标准、图属一体、集中管理、集成共享的城市交通地理信息平台，统一服务于城市交通运输各业务系统的建设和运行。

（二）车辆动态位置信息。

工程建设应遵照国家、行业、地方相关标准，对城市公共汽电车车辆的位置信息进行融合、集成，形成统一、高效的车辆位置信息服务平台。有条件的城市应与出租汽车等位置信息进行整合，为交通运输行业相关业务应用提供位置信息服务。

（三）视频监控信息。

工程建设应遵照《安全防范视频监控联网系统信息传输、交换、控制技术要求》（GB/T 28281）等相关标准规范要求，整合相关视频监控信息，包括城市公共汽电车的场站、车载视频监控信息，通过开放视频数据接口，搭建统一的城市级交通视频监控信息管理平台，为城市级交通运输相关业务应用提供所需视频信息服务。

**四、信息共享**

采用基于面向服务的架构（SOA）技术和消息中间件技术的数据交换共享平台，实现城市公共交通数据资源的交换共享。

（一）与城市其他客运方式间。

实现与城市轨道交通企业和出租汽车行业共享运营计划、运行时刻表、客流和出行服务等信息，以及车辆位置、速度等动态信息。

（二）与道路运输其他业务间。

实现与道路客运等其他业务共享运营计划、运行时刻表、客流和出行服务等信息，以及车辆位置、速度等动态信息。

（三）与上级交通运输主管部门间。

预留与部、省级交通运输主管部门相关应用系统之间的数据共享接口，共享行业监管与运行监测等统计数据。

（四）与城市其他相关部门间。

实现与城市其他相关部门（公安、消防等）共享视频监控、车辆位置、交叉口信号优先、应急救援等信息。

# 第五章 基础条件

**一、通信网络**

工程建设应根据城市公共交通信息采集、传输及应用的需求，完善现有通信信息网络系统，主要包括交通政务外网、互联网、无线通信网络。应遵循国家电子政务网络要求，交通政务外网同政务内网物理隔离，交通政务外网同互联网逻辑隔离。

本工程建设所需网络设备应在充分利用现有相关设备和统筹相关工程信息传输需求基础上补充完善，避免传输链路和网络设备的重复配置。

二、软硬件平台

（一）主机与存储系统。

工程建设应统筹相关工程需求，充分复用现有主机存储条件，优化配置，提高主机和存储资源的利用效率，实现主机和存储系统的集约化建设。工程鼓励采用虚拟化、云计算等先进技术，提高主机与存储系统的经济性、可靠性和可扩展性。

1. 数据库服务器：建议采用物理主机构建双机热备或高可用集群，支撑数据库系统可靠运行。数据库服务器通过交换机与存储设备实现连接，配置多路径负载均衡。

2. 应用服务器：应根据实际业务需求和现有应用服务器的资源使用情况进行配置。业务量大的应用服务器应考虑配置负载均衡，搭建高可用环境。

（二）应用支撑平台。

应用支撑平台建设应尽量利用现有支撑软件升级改造，并统筹考虑相关工程应用系统建设需求，避免重复投资。应用支撑平台软件应优先选用成熟的国产软件。

工程应用系统建议采用组件化开发模式，并基于 ESB（企业服务总线）、统一访问控制系统等公用的应用支撑软件进行集成，提高系统的可扩展性、可维护性。

三、安全系统

工程建设应根据国家信息安全等级保护相关要求，针对各应用系统构建相应的安全保护等级。工程应根据系统的应用、数据、技术架构，将相同保护等级的信息系统适当集中，划分为不同的安全信息域，有区别地进行系统安全保护。

应对照不同等级信息安全保护要求，对现有安全防范措施进行评估，在综合利用现有技术和管理手段的基础上，有针对性的完善系统安全保护措施。应从技术和管理两个方面,构建科学的信息安全保护体系。技术方面应从物理安全、网络安全、主机安全、应用安全、数据安全5个层面完善相应的保护措施,应用系统安全认证或身份鉴别系统应与"交通运输行业密钥管理和安全认证服务系统"有效对接。管理方面应从制度、机构、人员、建设、运维等5个层面完善相应的保护措施。

工程建设过程中,应委托有关专业机构对拟建信息系统进行安全测评,及时完善相关保护措施。

**四、终端系统**

本工程建设涉及的终端主要有两大类:公共汽电车车载终端、场站终端。各城市在工程建设中应根据实际情况确定建设规模,明确各类终端设备的新装、换装部件组成、数量和布设方案等。同时应加大对安全视频监控类、客流信息采集终端设备的安装建设力度。有条件的城市可建设公共交通信号优先系统,以提高BRT系统车辆运营速度和运营可靠性。鼓励采用基于北斗卫星导航等国产技术的车载终端产品。

场站终端设备主要用于现场调度、安全监控管理和乘客信息服务等方面,包括首末站调度与信息查询服务终端、站台信息服务终端、站台视频监控系统、进出场监测设备等。除了上述监测设备之外,BRT系统场站智能终端系统还包括售检票系统、屏蔽门控制系统、周界防范系统等。工程应能通过视频监控等方式,对场站的基础设施情况、客流情况、到发车情况、设备运行情况等进行动态监控,及时发现和处理突发情况。

**五、配套场所**

本工程配套场所是指监控指挥场所、机房等配套支撑环境。

(一)监控指挥场所。

监控指挥场所一般应配置值班坐席、综合信息显示、综合通信终端等设备,可扩展配置会议系统、音响系统等。鼓励各单位集中使用监控指挥场所,原则上不应在多个监控指挥中心(分中心)分别建设大屏幕系统。

(二)计算机机房。

工程配套软硬件平台应相对集中地部署于场地条件良好、技术条件可靠、维护力量较强的机构的机房内,进行集约化管理,不要求在各相关单位均建立独立的计算机机房。工程应充分利用现有条件，可结合实际需求进行改扩建，完善机柜、空调、供电、消防及内部布线等设备设施，原则上不再另行建设机房。不具备机房基础的，应按照《电子计算机机房设计规范》（GB50174）要求，按照实际需求进行建设，适当控制建设规模，避免铺张浪费盲目投资。

## 第六章 标准规范

工程建设应统一建设标准，规范工程建设行为，确保工程的整体性和协调性。工程建设必须严格遵守相关国家、行业及工程标准，应按照有关规定，开展标准符合性检测。

交通运输部组织制定如下 11 项工程标准。
(1)《城市公共汽电车车载智能服务终端》
(2)《城市公共汽电车电子站牌及数据通信协议》
(3)《城市公共汽电车设备数据总线通信接口规范》
(4)《城市公共汽电车车载设备数据采集通信协议》
(5)《城市轨道交通客流数据采集与传输规范》
(6)《城市公共交通管理与服务信息系统数据交换规范》
(7)《城市公共交通管理与服务信息系统数据元》
(8)《城市公共交通智能调度系统技术要求》
(9)《城市公共交通出行信息服务技术要求》
(10)《城市公共交通行业监管系统技术要求》
(11)《城市公共交通智能化应用示范工程总体技术要求》

## 第七章 建设运行管理

一、建设管理

城市交通运输主管部门是本工程的建设单位，总体负责工程建设进度、质量、资金管理。工程建设涉及公共交通企业、城市交通运输主管部门及相关业务管理部门等多个单位,需要建立强有力的组织、管理与协调机构。工程应在各城市现有信息化领导组织体系下组织开展,相关业务部门应全程深度参与。

**二、运行管理**

(一)城市交通运输主管部门。

城市交通运输主管部门应在现有运行管理体系下,建立健全工程的运行管理机构,明确相关部门在项目运行中的责任,构建合理的运行责任体系和管理机制,保证所建系统协调、可靠运行。

城市交通运输主管部门应完善数据采集与更新管理相关制度,明确各项数据的采集责任部门及业务流程,按规定的采集频率和采集方式要求,加强数据质量管控,确保数据质量。

城市交通运输主管部门应建立完善的信息交换共享机制。明确不同部门间、不同业务间信息交换共享双方的责任和义务,对共享内容、共享方式、共享时效、共享范围等做出明确规定。

城市交通运输主管部门应建立完善的信息发布机制。明确相关部门的职责,按照"谁发布、谁负责"的原则,规范信息发布内容、发布方式、发布范围及信息审核流程。

城市交通运输主管部门应按照相关规定,合理配置工程相关单位的运维岗位,建立考评制度,落实维护资金,保障系统稳定运行。

(二)城市公共交通企业。

自行建设城市公共交通运营智能调度平台与数据中心的企业,应合理配置相关运维岗位与管理机构,确保工程所建系统安全可靠运行。

# 交通运输部办公厅关于进一步加快推进城市公共交通智能化应用示范工程建设有关工作的通知

(2015年6月5日 交办运〔2015〕88号)

各省、自治区、直辖市、新疆生产建设兵团交通运输厅（局、委）：

为贯彻落实城市公共交通优先发展战略，进一步加快推进城市公共交通智能化应用示范工程（以下简称"示范工程"）建设，经交通运输部同意，现就有关工作通知如下：

一、规范建设内容

开展示范工程建设，是落实城市公共交通优先发展战略、推进公交都市示范工程建设的重要举措，旨在提高城市公共交通运营与管理效率，增强行业管理、决策与应急能力，提升城市公共交通服务与安全水平。各有关省份交通运输主管部门要高度重视示范工程建设工作，按照交通运输部的统一要求，进一步加大对示范工程建设的指导和支持力度，细化工作内容和时间节点，加快推进示范工程建设相关工作。有关城市交通运输主管部门要严格按照《交通运输部办公厅关于印发城市公共交通智能化应用示范工程建设指南的通知》（厅运字〔2014〕105号，以下简称《建设指南》）要求，以提升城市公共交通运行监测、企业智能调度、行业监管决策和公众出行信息服务水平为总体目标，充分结合当地城市公共交通行业运营管理特点，规范示范工程建设内容；要严格按照规定的基本建设程序进行建设，不得擅自更改示范工程建设内容，并加强与有关部门的协调，确保示范工程建设质量。

二、明确建设进度

为保障城市公共交通智能化应用示范工程建设有序开展，对不同类型城市采用分步骤、分阶段的方式推进。

## 四、公交智能化应用示范工程

（一）2015年年底前完成第一批10个试点城市的示范工程主体建设。已申报第一批示范工程建设的济南、郑州、大连、哈尔滨、深圳、南京、西安、长沙等8个城市的省级交通运输主管部门和北京市、重庆市交通运输主管部门，要以城市为主体，进一步加快示范工程建设进度，在2015年年底前完成示范工程主体建设，包括公共交通数据资源中心、企业运营智能调度平台、行业监管平台和乘客出行信息服务平台等，同时确保示范工程建设符合相关标准规范。

（二）2016年年底前完成第二批27个试点城市的示范工程主体建设。已申报第二批示范工程建设的太原、石家庄、青岛、武汉、株洲、贵阳、苏州、乌鲁木齐、杭州、保定、银川、兰州、昆明、宁波、合肥、南昌、新乡、广州、沈阳、西宁、柳州、福州、海口、呼和浩特、长春等25个城市的省级交通运输主管部门和上海市、天津市交通运输主管部门，要以城市为主体，加快启动示范工程建设工作，并于2016年年底前完成示范工程主体建设。尚未完成示范工程前期工作的试点城市，要按照《交通运输部办公厅关于规范行业信息化建设项目前期工作管理的通知》（厅规划字〔2014〕41号）及有关文件要求，加快完成工程可行性研究报告、资金申请报告、初步设计等的编制和报批工作，并及时报部。

（三）2017年6月底前，完成37个示范城市的示范工程建设任务。

### 三、加强政策保障和技术支撑

各有关省份和城市交通运输主管部门要加快完善配套政策，并充分融合互联网等新一代信息技术，提升示范工程建设实效。一是要积极协调有关部门，畅通资金拨付渠道，按计划落实承诺的工程配套资金，保障示范工程顺利实施。要建立完善示范工程资金使用管理制度，严格规范交通运输部补助资金和省市配套资金的使用管理，确保示范工程资金专款专用，提高资金使用效率。二是加强经验交流与共享。通过组织开展示范工程建设经验交流会等形式，促进各地围绕示范工程组织保障、协调机制、关键技术、工程管理、资金筹措、运维保障等多方面开展交流学习，加快新技术在城市公交领域的推广应用。三是提升科技应用能力。要大力推进移动互联网、物联网、大数据、云计算等新一代信息技术在城市公共交通运营、服务、管理方面的深度应用，努力打造综合、高效、准确、可靠的城市公共交通信息服务体系，全面提高城市公共交通智能化水平。四是要进一步深化推进技术支持工作。交通运输部委托交通运输部科学研究院、公路科学研究院作为示范工程技术支持单位。交通运输部科学研究院、公路科学研究院要认真做好示范工程建设相关技术支撑工作，及时跟踪并了解各地示范工程建设过程中出现的新情况、新问题，加强城市公交智能化关键技术研究和知识储备，帮助各地开展人员技术培训和能力建设，及时解决示范工程建设中的技术问题，不断优化示范工程技术方案；要认真做好示范工程标准规范编制工作，加快推进标准规范审查与报批，结合示范工程建设加强标准规范技术验证，并适时开展标准规范的宣贯和培训。

**四、加强督促检查**

各有关省份和城市交通运输主管部门要建立完善示范工程建设督查制度，采取年度报告、现场检查等方式，对示范工程建设情况进行督查，确保示范工程建设取得实效。一是建立年度报告制度。各省级交通运输主管部门应建立示范工程建设年度报告制度，明确责任部门和人员，认真做好示范工程建设情况督查，组织辖区内试点城市认真总结梳理示范工程建设进展情况，按年度上报示范工程进展情况材料。报送材料内容主要包括：示范工程建设总体情况，资金筹措及使用情况，《建设指南》等相关技术文件贯彻落实情况，实施过程中所取得的主要经验、存在的主要问题和意见建议等。请各有关省（自治区、直辖市）交通运输主管部门于每年 6 月底前将有关材料报送至部运输服务司（传真：010－65292722；电话：010－65292723；电子版发至邮箱：ysskyc@ mot. gov. cn）。二是加强现场督查。交通运输部将根据各试点城市报送的材料及有关情况，适时组织示范工程技术支持单位、行业专家对有关城市的示范工程建设情况进行现场督查，并将督查结果通过适当形式进行公布。

# 交通运输部办公厅关于印发城市公共交通智能化应用示范工程技术要求的通知

(2015年12月7日　交办科技函〔2015〕947号)

各有关单位:

为提高"城市公共交通智能化应用示范工程"(以下简称"示范工程")建设质量,我部组织制定了示范工程技术要求,现印发给你们,请在示范工程建设中遵照执行。

附件:1. 城市公共交通智能化应用示范工程技术要求主要内容一览表
　　　2. 11项城市公共交通智能化应用示范工程技术要求(略)

附件

## 城市公共交通智能化应用示范工程技术要求主要内容一览表

| 序号 | 技术要求名称 | 适用范围 | 主要起草单位 | 联系人 | 联系方式 |
|---|---|---|---|---|---|
| 1 | 城市公共交通智能化应用示范工程总体技术要求 | 本部分规定了城市公共交通智能化应用示范工程（以下简称示范工程）的总体框架和技术要求。本部分适用于示范工程的设计、建设及运输工作。 | 交通运输部科学研究院 | 王寒松 | 87657307@qq.com |
| 2 | 城市公共交通管理与服务信息系统数据元 | 本部分规定了城市公共交通管理与服务信息系统中主要数据元的类目分组和表示，并给出了详细的数据元目录和数据元值域代码集。本部分适用于城市公共交通数据资源中心建设，以及城市公共交通管理与服务信息系统的设计开发和应用 | 交通运输部科学研究院 | 钱贞国 | 1426859433@qq.com |
| 3 | 城市公共交通管理与服务信息系统数据交换规范 | 本部分规定了城市公共交通管理与服务信息系统企业级平台与城市级平台、城市级平台与省级平台间、省级平台与部级平台之间的数据交换要求和交换内容，本部分所称的城市公共交通包括公共汽电车交通（含快速公共汽车交通）和城市轨道交通。本部分适用于城市公共交通管理与服务信息系统各级平台之间的数据交换与共享 | 交通运输部科学研究院 | 吴忠宣 | zhongyi_wu@qq.com |

四、公交智能化应用示范工程

续上表

| 序号 | 技术要求名称 | 适用范围 | 主要起草单位 | 联系人 | 联系方式 |
|---|---|---|---|---|---|
| 4 | 城市公共汽电车车载智能服务终端 | 本部分规定了城市公共汽电车车载智能服务终端的一般要求、功能要求、性能要求、试验方法、检验规则、安装以及标志、包装、运输和贮存的要求。<br>本部分适用于全国范围内城市公共汽电车上安装使用的车载智能服务终端的设计、制造、检验与使用。其他营运车辆在相同技术条件下可参照执行 | 交通运输部公路科学研究院 | 刘冬梅 | ldm@itsc.cn |
| 5 | 城市公共汽电车车载智能服务终端与调度中心间数据通信协议 | 本部分规定了城市公共汽电车车载智能服务终端与调度中心间通信协议的协议基础、通信连接、消息处理、数据格式和会话。<br>本部分适用于城市公共汽电车车载智能服务终端与调度中心系统的建设、运营和维护 | 交通运输部公路科学研究院 | 刘冬梅 | ldm@itsc.cn |
| 6 | 城市公共汽电车车载智能服务终端数据总线接口通信规范 | 本部分规定了城市公共汽电车车载智能服务终端与扩展设备间进行数据通信的体系结构以及应遵守的接口规范。<br>本部分适用于城市公共汽电车车载智能服务终端与扩展设备间通过RS485、CAN总线方式进行通信控制的情况 | 交通运输部公路科学研究院 | 刘冬梅 | ldm@itsc.cn |
| 7 | 城市公共汽电车电子站牌技术要求及数据通讯协议 | 本部分规定了城市公共汽电车电子站牌设备的技术要求、检验方法及与电子站牌后台系统的通讯协议。<br>本部分适用于城市公共汽电车电子站牌系统的设计、开发、检验与安装 | 交通运输部公路科学研究院 | 王轶萍 | 380750891@qq.com |

续上表

| 序号 | 技术要求名称 | 适用范围 | 主要起草单位 | 联系人 | 联系方式 |
|---|---|---|---|---|---|
| 8 | 城市轨道交通客流数据采集与传输规范 | 本部分用以确保示范工程建设城市轨道交通客流信息的传输与传输的一致性与规范性，支撑各级城市轨道交通行业管理部门的管理和分析决策应用。<br>本部分适用于城市轨道交通的客流采集设备统一编码的结构、客流数据采集要求、数据元规范、数据存储定义、数据交换方式等 | 北京市交通信息中心 | 李伟 | liwei@bjjtw.gov.cn |
| 9 | 城市公共汽电车智能调度系统技术要求 | 本部分规定了城市公共汽电车智能调度系统的总体架构、功能要求和性能要求。<br>本部分适用于城市公共汽电车运营企业的智能调度系统的设计、开发与应用 | 交通运输部公路科学研究院 | 吴雪梅 | 41176361@qq.com |
| 10 | 城市公共交通出行信息服务技术要求 | 本部分规定了城市公共汽电车出行的场站信息服务、车载信息服务、互联网应用服务、呼叫中心服务的功能要求、性能要求、设施部署实施要求、维护管理要求，以及信息交换接口要求、信息一致性要求 | 交通运输部公路科学研究院 | 周元峰 | yuanfeng.zhou@rioh.cn |
| 11 | 城市公共交通行业监管系统技术要求 | 本部分规定了城市公共交通行业监管系统的功能要求和技术要求。<br>本部分适用于城市公共交通行业监管系统的设计、开发和应用 | 交通运输部科学研究院 | 刘向龙 | 13375465@qq.com |

# 五、新能源汽车推广应用

# 国务院办公厅关于加快新能源汽车推广应用的指导意见

(2014年7月14日　国办发〔2014〕35号)

各省、自治区、直辖市人民政府，国务院各部委、各直属机构：

为全面贯彻落实《国务院关于印发节能与新能源汽车产业发展规划（2012—2020年）的通知》（国发〔2012〕22号），加快新能源汽车的推广应用，有效缓解能源和环境压力，促进汽车产业转型升级，经国务院批准，现提出以下指导意见：

## 一、总体要求

（一）指导思想。

贯彻落实发展新能源汽车的国家战略，以纯电驱动为新能源汽车发展的主要战略取向，重点发展纯电动汽车、插电式（含增程式）混合动力汽车和燃料电池汽车，以市场主导和政府扶持相结合，建立长期稳定的新能源汽车发展政策体系，创造良好发展环境，加快培育市场，促进新能源汽车产业健康快速发展。

（二）基本原则。

创新驱动，产学研用结合。新能源汽车生产企业和充电设施生产建设运营企业要着力突破关键核心技术，加强商业模式创新和品牌建设，不断提高产品质量，降低生产成本，保障产品安全和性能，为消费者提供优质服务。

政府引导，市场竞争拉动。地方政府要相应制定新能源汽车推广应用规划，促进形成统一、竞争、有序的市场环境。建立和规范市场准入标准，鼓励社会资本参与新能源汽车生产和充电运营服务。

双管齐下，公共服务带动。把公共服务领域用车作为新能源汽车推广应用的突破口，扩大公共机构采购新能源汽车的规模，通过示范使用增强社会信心，降低购买使用成本，引导个人消费，形成良性循环。

因地制宜，明确责任主体。地方政府承担新能源汽车推广应用主体责任，要结合地方经济社会发展实际，制定具体实施方案和工作计划，明确工作要求和时间进度，确保完成各项目标任务。

## 二、加快充电设施建设

（三）制定充电设施发展规划和技术标准。完善充电设施标准体系建设，制定实施新能源汽车充电设施发展规划，鼓励社会资本进入充电设施建设领域，积极利用城市中现有的场地和设施，推进充电设施项目建设，完善充电设施布局。电网企业要做好相关电力基础网络建设和充电设施报装增容服务等工作。

（四）完善城市规划和相应标准。将充电设施建设和配套电网建设与改造纳入城市规划，完善相关工程建设标准，明确建筑物配建停车场、城市公共停车场预留充电设施建设条件的要求和比例。加快形成以使用者居住地、驻地停车位（基本车位）配建充电设施为主体，以城市公共停车位、路内临时停车位配建充电设施为辅助，以城市充电站、换电站为补充的，数量适度超前、布局合理的充电设施服务体系。研究在高速公路服务区配建充电设施，积极构建高速公路城际快充网络。

（五）完善充电设施用地政策。鼓励在现有停车场（位）等现有建设用地上设立他项权利建设充电设施。通过设立他项权利建设充电设施的，可保持现有建设用地已设立的土地使用权及用途不变。在符合规划的前提下，利用现有建设用地新建充电站的，可采用协议方式办理相关用地手续。政府供应独立新建的充电站用地，其用途按城市规划确定的用途管理，应采取招标拍卖挂牌方式出让或租赁方式供应土地，可将建设要求列入供地条件，底价确定可考虑政府支持的要求。供应其他建设用地需配建充电设施的，可将配建要求纳入土地供应条件，依法妥善处理充电设施使用土地的产权关系。严格充电站的规划布局和建设标准管理。严格充电站用地改变用途管理，确需改变用途的，应依法办理规划和用地手续。

（六）完善用电价格政策。充电设施经营企业可向电动汽车用户收取电费和充电服务费。2020年前，对电动汽车充电服务费实行政府指导价管理。对向电网经营企业直接报装接电的经营性集中式充电设施用电，执行大工业用电价格；对居民家庭住宅、居民住宅小区等非经营性分散充电桩按其所在场所执行分类目录电价；对党政机关、企事业单位和社会公共停车场中设置的充电设施用电执行一般工商业及其他类用电价格。电动汽车充电设施用电执行峰谷分时电价政策。将电动汽车充电设施配套电网改造成本纳入电网企业输配电价。

（七）推进充电设施关键技术攻关。依托国家科技计划加强对新型充电设施及装备技术、前瞻性技术的研发，对关键技术的检测认证方法、充电设施消防安全规范以及充电网络监控和运营安全等方面给予科技支撑。支持企业探索发展适应行业特征的充电模式，实现更安全、更方便的充电。

（八）鼓励公共单位加快内部停车场充电设施建设。具备条件的政府机关、公共机构及企事业等单位新建或改造停车场，应当结合新能源汽车配备更新计划，充分考虑职工购买新能源汽车的需要，按照适度超前的原则，规划设置新能源汽车专用停车位、配建充电桩。

（九）落实充电设施建设责任。地方政府要把充电设施及配套电网建设与改造纳入城市建设规划，因地制宜制定充电设施专项建设规划，在用地等方面给予政策支持，对建设运营给予必要补贴。电网企业要配合政府做好充电设施建设规划。

**三、积极引导企业创新商业模式**

（十）加快售后服务体系建设。进一步放宽市场准入，鼓励和支持社会资本进入新能源汽车充电设施建设和运营、整车租赁、电池租赁和回收等服务领域。新能源汽车生产企业要积极提高售后服务水平，加快品牌培育。地方政府可通过给予特许经营权等方式保护投资主体初期利益，商业场所可将充电费、服务费与停车收费相结合给予优惠，个人拥有的充电设施也可对外提供充电服务，地方政府负责制定相应的服务标准。研究制定动力电池回收利用政策，探索利用基金、押金、强制回收等方式促进废旧动力电池回收，建立健全废旧动力电池循环利用体系。

（十一）积极鼓励投融资创新。在公共服务领域探索公交车、出租车、公务用车的新能源汽车融资租赁运营模式，在个人使用领域探索分时租赁、车辆共享、整车租赁以及按揭购买新能源汽车等模式，及时总结推广科学有效的做法。

（十二）发挥信息技术的积极作用。不断提高现代信息技术在新能源汽车商业运营模式创新中的应用水平，鼓励互联网企业参与新能源汽车技术研发和运营服务，加快智能电网、移动互联网、物联网、大数据等新技术应用，为新能源汽车推广应用带来更多便利和实惠。

**四、推动公共服务领域率先推广应用**

（十三）扩大公共服务领域新能源汽车应用规模。各地区、各有关部门要在公交车、出租车等城市客运以及环卫、物流、机场通勤、公安巡逻等领域加大新能源汽车推广应用力度，制定机动车更新计划，不断提高新能源汽车运营比重。新能源汽车推广应用城市新增或更新车辆中的新能源汽车比例不低于30%。

（十四）推进党政机关和公共机构、企事业单位使用新能源汽车。2014—2016年，中央国家机关以及新能源汽车推广应用城市的政府机关及公共机构购买的新能源汽车占当年配备更新车辆总量的比例不低于30%，以后逐年扩大应用规模。企事业单位应积极采取租赁和完善充电设施等措施，鼓励本单位职工购买使用新能源汽车，发挥对社会的示范引领作用。

**五、进一步完善政策体系**

（十五）完善新能源汽车推广补贴政策。对消费者购买符合要求的纯电动汽车、插电式（含增程式）混合动力汽车、燃料电池汽车给予补贴。中央财政安排资金对新能源汽车推广应用规模较大和配套基础设施建设较好的城市或企业给予奖励，奖励资金用于充电设施建设等方面。有关方面要抓紧研究确定2016—2020年新能源汽车推广应用的财政支持政策，争取于2014年底前向社会公布，及早稳定企业和市场预期。

（十六）改革完善城市公交车成品油价格补贴政策。城市公交车行业是新能源汽车推广的优先领域，通过逐步减少对城市公交车燃油补贴和增加对新能源公交车运营补贴，将补贴额度与新能源公交车推广目标完成情况相挂钩，形成鼓励新能源公交车应用、限制燃油公交车增长的机制，加快新能源公交车替代燃油公交车步伐，促进城市公交行业健康发展。

（十七）给予新能源汽车税收优惠。2014年9月1日至2017年12月31日，对纯电动汽车、插电式（含增程式）混合动力汽车和燃料电池汽车免征车辆购置税。进一步落实《中华人民共和国车船税法》及其实施条例，研究完善节约能源和新能源汽车车船税优惠政策，并做好车船税减免工作。继续落实好汽车消费税政策，发挥税收政策鼓励新能源汽车消费的作用。

（十八）多渠道筹集支持新能源汽车发展的资金。建立长期稳定的发展新能源汽车的资金来源，重点支持新能源汽车技术研发、检验测试和推广应用。

（十九）完善新能源汽车金融服务体系。鼓励银行业金融机构基于商业可持续原则，建立适应新能源汽车行业特点的信贷管理和贷款评审制度，创新金融产品，满足新能源汽车生产、经营、消费等各环节的融资需求。支持符合条件的企业通过上市、发行债券等方式，拓宽企业融资渠道。鼓励汽车金融公司发行金融债券，开展信贷资产证券化，增加其支持个人购买新能源汽车的资金来源。

（二十）制定新能源汽车企业准入政策。研究出台公开透明、操作性强的新建新能源汽车生产企业投资项目准入条件，支持社会资本和具有技术创新能力的企业参与新能源汽车科研生产。

（二十一）建立企业平均燃料消耗量管理制度。制定实施基于汽车企业平均燃料消耗量的积分交易和奖惩办法，在考核企业平均燃料消耗量时对新能源汽车给予优惠，鼓励新能源汽车的研发生产和销售使用。

（二十二）实行差异化的新能源汽车交通管理政策。有关地区为缓解交通拥堵采取机动车限购、限行措施时，应当对新能源汽车给予优惠和便利。实行新能源汽车独立分类注册登记，便于新能源汽车的税收和保险分类管理。在机动车行驶证上标注新能源汽车类型，便于执法管理中有效识别区分。改进道路交通技术监控系统，通过号牌自动识别系统对新能源汽车的通行给予便利。

**六、坚决破除地方保护**

（二十三）统一标准和目录。各地区要严格执行全国统一的新能源汽车和充电设施国家标准和行业标准,不得自行制定、出台地方性的新能源汽车和充电设施标准。各地区要执行国家统一的新能源汽车推广目录,不得采取制定地方推广目录、对新能源汽车进行重复检测检验、要求汽车生产企业在本地设厂、要求整车企业采购本地生产的电池、电机等零部件等违规措施,阻碍外地生产的新能源汽车进入本地市场,以及限制或变相限制消费者购买外地及某一类新能源汽车。

(二十四)规范市场秩序。有关部门要加强对新能源汽车市场的监管,推进建设统一开放、有序竞争的新能源汽车市场。坚决清理取消各地区不利于新能源汽车市场发展的违规政策措施。

**七、加强技术创新和产品质量监管**

(二十五)加大科技攻关支持力度。通过国家科技计划,对新能源汽车储能系统、燃料电池、驱动系统、整车控制和信息系统、充电加注、试验检测等共性关键技术以及整车集成技术集中力量攻关,不断完善科技创新体系建设。

(二十六)组织实施产业技术创新工程。加快研究和开发适应市场需求、有竞争力的新能源汽车技术和产品,加大研发和检测能力投入,通过联合开发,加快突破重大关键技术,不断提高产品质量和服务能力,降低能源消耗,加快建立新能源汽车产业技术创新体系。

(二十七)完善新能源汽车产品质量保障体系。新能源汽车产品质量的责任主体是生产企业,生产企业要建立质量安全责任制,确保新能源汽车安全运行。支持建立行业性新能源汽车技术支撑平台,提高新能源汽车技术服务和测试检验水平。建立新能源汽车产品抽检制度,通过市场抽样和性能检测,加强对产品的质量监管和一致性监管。研究建立车用动力电池准入管理制度。

**八、进一步加强组织领导**

(二十八)加强地方政府的组织推动作用。各有关地方政府要切实加强组织领导,建立由主要负责同志牵头、各职能部门参加的新能源汽车工作联席会议制度,结合本地实际制定细化支持政策和配套措施,形成多方合力。要加强指标考核,建立以实际运营车辆和便利使用环境为主要指标的考核体系，明确工作要求和时间进度，确保按时保质完成各项目标任务。

（二十九）加强部门间的统筹协调。节能与新能源汽车产业发展部际联席会议及其办公室要及时协调解决新能源汽车推广应用中的重大问题，部门间要加强协同配合，提高工作效率。要加强对各地区的督促考核，定期在媒体公开各地区任务完成情况。财政奖励资金要与推广目标完成情况、基础设施网络配套及社会使用环境建设等挂钩，建立新能源汽车推广城市退出机制。要及时总结成功经验，在全国组织推广交流活动，促进各地相互学习借鉴、共同提高。

（三十）加强宣传引导和舆论监督。各有关部门和新闻媒体要通过多种形式大力宣传新能源汽车对降低能源消耗、减少污染物排放的重大作用，组织业内专家解读新能源汽车的综合成本优势。要通过媒体宣传，提高全社会对新能源汽车的认知度和接受度，同时对损害消费者权益、弄虚作假等行为给予曝光，形成有利于新能源汽车消费的氛围。

# 交通运输部关于加快推进新能源汽车在交通运输行业推广应用的实施意见

(2015年3月13日　交运发〔2015〕34号)

各省、自治区、直辖市、新疆生产建设兵团交通运输厅（局、委）：

为深入贯彻落实《国务院办公厅关于加快新能源汽车推广应用的指导意见》（国办发〔2014〕35号，以下简称《指导意见》），加快推进新能源汽车在交通运输行业的推广应用，现提出以下实施意见：

**一、总体要求**

1. 深刻领会《指导意见》的精神实质。

新能源汽车作为战略性新兴产业，代表汽车产业的发展方向，发展新能源汽车，对我国改善能源消费结构、减少空气污染、推动汽车产业和交通运输行业转型升级具有积极意义。党中央、国务院高度重视新能源汽车产业发展，将发展新能源汽车确定为国家战略。《指导意见》针对我国新能源汽车发展现状，明确了推进新能源汽车发展的指导思想、基本原则、发展政策和保障机制，是加快新能源汽车推广应用的重要纲领。交通运输行业是新能源汽车推广应用的重要领域之一，是在公共服务领域推广应用的主力军，各级交通运输主管部门要认真学习领会《指导意见》的精神实质，认真进行贯彻落实。要以加快转变交通运输发展方式为主线，以服务绿色交通建设为目标，以优化交通运输能源消费结构为核心，创新推广应用模式、落实扶持政策、完善体制机制，加快推进新能源汽车在交通运输行业的推广应用。

2. 基本原则。

——坚持政策引导。完善和落实对新能源汽车推广应用的扶持政策，营造有利于新能源汽车在交通运输行业推广应用的政策环境，引导交通运输企业主动、更多选择新能源汽车。

## 五、新能源汽车推广应用

——坚持市场主导。坚持企业的主体地位，发挥市场配置资源的决定性作用，创新推广应用模式，规范市场运行规则，努力降低新能源汽车购买、运营、维护、电池回收的全寿命成本，激发企业积极性，实现新能源汽车在交通运输行业的可持续应用。

——坚持重点推进。车型选择上，重点推广应用插电式（含增程式）混合动力汽车、纯电动汽车，积极推广应用燃料电池汽车，研究推广应用储能式超级电容汽车等其他新能源汽车。行业选择上，重点在城市公交、出租汽车和城市物流配送领域，并积极拓展到汽车租赁和邮政快递等领域。

——坚持因地制宜。在地方人民政府领导下，结合交通运输运营组织的实际情况和发展需要，做好新能源汽车技术选型论证及相关工作，积极稳妥地推进新能源汽车在交通运输行业的推广应用工作。

3. 总体目标。

至2020年，新能源汽车在交通运输行业的应用初具规模，在城市公交、出租汽车和城市物流配送等领域的总量达到30万辆；新能源汽车配套服务设施基本完备，新能源汽车运营效率和安全水平明显提升。具体体现在：

——应用规模显著扩大。新能源汽车占城市公交车、出租汽车和城市物流配送车辆的比例显著提升，充换电配套设施服务更加完善。公交都市创建城市新增或更新城市公交车、出租汽车和城市物流配送车辆中，新能源汽车比例不低于30%；京津冀地区新增或更新城市公交车、出租汽车和城市物流配送车辆中，新能源汽车比例不低于35%。到2020年，新能源城市公交车达到20万辆，新能源出租汽车和城市物流配送车辆共达到10万辆。

——使用效果显著提升。新能源汽车在交通运输行业的运营效率明显提升，纯电动汽车运营效率不低于同车长燃油车辆的85%。投入交通运输行业的新能源汽车可靠性显著增强，车辆故障率明显降低。

——可持续发展能力显著提升。新能源汽车在交通运输行业推广应用的法规政策和标准规范体系基本建立，可持续发展的机制比较完善；新能源汽车购买、运营、维护成本显著下降,交通运输企业购买使用新能源汽车的主动性明显增强。

二、主要任务

4. 加强规划引领。结合城市经济社会发展特点、城市交通发展和居民出行需要,将新能源汽车推广应用纳入城市公共交通规划和城市综合交通运输体系规划,明确新能源汽车推广应用目标、技术路线、重点任务和配套政策,并按照"适度超前、科学布局"的原则,提出充换电设施总量和布局需求。要积极配合有关部门,将必要的充换电设施纳入城市电力发展规划和城市电网的建设与改造规划。

5. 完善实施方案。按照"统筹规划、分步实施"原则,编制交通运输行业新能源汽车推广应用实施方案和年度实施计划,并合理确定车型和运力规模。鼓励集约化程度高、管理制度完善、运营规范的交通运输企业投资使用新能源汽车和建设充换电设施。根据新能源汽车技术特点、本地实际和运营需求,优化运营调度和设施布局,提高新能源汽车的运营效率。

6. 严格新能源汽车技术选型。结合本地城市交通通行和公交线网、出租汽车车型结构、城市物流配送通行管理状况,科学选择新能源汽车车型。新能源汽车必须符合国家有关技术标准,新能源公交车还应满足《公共汽车类型划分及等级评定》(JT/T 888—2014),配置安全监控管理系统、电池箱专用自动灭火装置等安全设备;车辆内饰及地板阻燃性能符合国家和行业相关标准要求。新能源城市物流配送车辆还应满足《城市物流配送汽车选型技术要求》(GB/T 29912—2013)。新能源汽车整车及关键部件(电机及其控制器、电池及管理系统、车载充电设备等)质量保证期不低于3年,并通过15000km可靠性检测;核定成员数不低于同车长燃油车辆的85%;动力电池系统总质量与整车整备质量的比值不大于20%,质保期内电池容量衰减率不超过15%,整车动力电池组循环寿命达到1000次以上。优先选择续驶里程长、可靠性高的新能源汽车,对纯电动公交车(超级电容、钛酸锂快充纯电动公交车除外),原则上应选择续驶里程不低于200km的汽车车型。鼓励新能源汽车生产企业研究开发适合交通运输运营组织需要的新能源汽车专用车型。

7. 推动完善充换电设施。积极争取城市人民政府支持，在旧城改造和新城规划建设时，结合城市公交车、出租汽车、城市物流配送和邮政快递车辆的实际需求，配合有关部门加快配套建设必要的充换电设施。在规划建设城市综合客运枢纽、公交枢纽、出租汽车运营站、城市物流配送中心和服务区、快递物流园区时，要根据需求配建快速充换电设施；在规划建设城市公交停车场、保养场、维修厂、出租汽车停车场时，要考虑配建"慢充为主、快充为辅"的充电设施。对现有城市公交、出租汽车、城市物流配送场站，符合配建条件的，结合实际需求，加快建设完善充换电设施。鼓励和支持社会资本进入交通运输行业新能源汽车充换电设施建设和运营、整车租赁、电池租赁和回收等服务领域。

8. 推动落实扶持政策。积极配合同级财政、税务等部门，做好车辆购置税优惠政策落实工作，在2014年9月1日至2017年12月31日间，对纯电动汽车、插电式（含增程式）混合动力汽车和燃料电池汽车免征车辆购置税。要积极配合同级财政、发展改革部门，制定本地区新能源汽车推广应用的支持政策，在新能源汽车购置补贴、贷款贴息、运营补贴、充换电基础设施维护、推广应用宣传及科研补助等方面给予必要的支持。要配合做好城市公交车成品油价格补贴政策改革，积极落实相关政策要求，将补贴额度与新能源公交车推广目标完成情况相挂钩，形成鼓励新能源公交车应用、限制燃油公交车增长的机制。积极配合有关部门，推动落实新能源汽车车船税优惠政策、消费税政策、充换电设施用地政策和用电价格优惠政策。

9. 完善新能源汽车运营政策。城市公交车、出租汽车运营权优先授予新能源汽车，并向新能源汽车推广应用程度高的交通运输企业倾斜或成立专门的新能源汽车运输企业。争取当地人民政府支持，对新能源汽车不限行、不限购，对新能源出租汽车的运营权指标适当放宽。

10. 创新推广应用模式。在交通运输行业研究完善新能源公交车"融资租赁"、"车电分离"和"以租代售"等多种运营模式。鼓励纯电动汽车生产企业或专门的充换电设施运营企业，推行纯电动公交车电池租赁；

鼓励新能源汽车生产企业或融资租赁经营企业，推行新能源公交车整车租赁，降低公交企业一次性购买支出。

11. 加强安全和应急管理。督促相关交通运输企业落实安全生产主体责任，切实加强对所属驾驶员、乘务员和车辆的管理。加强新能源汽车运营安全监控，纳入城市交通智能化运营监控平台，并完善新能源汽车基础信息。督促相关交通运输企业在新能源公交车、出租汽车上加快安装实时监控装置，对车辆运行技术状态、充电状态、电池单体进行实时监控和动态管理，并建立新能源汽车运行数据采集和统计分析系统，为新能源汽车安全运行提供基础支撑。督促交通运输企业建立健全新能源汽车定期检查、维护和修理制度，加强新能源汽车技术管理，建立新能源汽车全生命周期运营档案。制定新能源汽车抛锚、运营周转不畅、恶劣天气、客流激增下的应急处置程序和措施，提高应急处置能力。

**三、保障措施**

12. 加强组织领导。按照各地新能源汽车推广应用工作联席会议制度的有关要求，主动作为，加强协调配合，推动细化新能源汽车在交通运输行业推广应用的支持政策和配套措施，形成多方合力，推进政策落实。紧密结合当地实际，加快制定交通运输行业贯彻落实《指导意见》的具体实施意见和行动计划，明确工作要求和时间进度，推进新能源汽车在交通运输行业的健康发展。

13. 加强法规制度和标准规范建设。积极推动城市公共交通、出租汽车和城市物流配送相关法规制度建设，为新能源汽车推广应用的方案编制、设施建设、车辆准入、驾驶员培训、安全管理和政策支持提供法制保障。加强新能源汽车推广应用技术支撑，研究制定新能源公交车、出租汽车、城市物流配送和邮政快递车辆技术准入和退出的标准规范、车辆和特有部件（电池等）维修服务规范等，建立完善新能源汽车使用环节的技术标准规范体系。

14. 加强技术保障。按照国家和行业有关标准要求，加强新能源汽车日常维护工作，保障车辆技术性能。加强城市公交线路布局、充换电设施配置、车线匹配等方面的研究，提高车辆运营效率。充分利用物联网、云计算等新技术，加强对新能源汽车运行数据的采集和分析，建立交通运输行业新能源汽车应用效果评估和反馈机制。积极协调有关部门，建立新能源汽车召回机制，及时召回故障率高、可靠性差的新能源汽车。引导新能源汽车生产企业加快建设售后服务体系，为新能源汽车正常运营提供及时高效的维修服务和必要的技术支撑。

15. 加强人才保障。重视发展职业教育和岗位技能培训，加大新能源汽车工程技术人员和专业技能人才的培养。开展对经营管理、车辆驾驶、维修保养、运营调度、应急管理等从业人员的专业技术培训，为新能源汽车的安全运营和管理提供人才保障。

16. 加强监督检查。各省级交通运输主管部门要加强对本辖区内各城市新能源公交车、出租汽车、城市物流配送车辆的推广应用情况的监督检查，全面评价推广应用目标完成情况、基础设施网络配套情况，并分别于每年6月底和12月底前向部报送新能源汽车推广应用情况（含分类保有量、分类新增数量及采取的主要措施）。部将适时组织对各省、自治区、直辖市在交通运输行业推广应用新能源汽车的情况进行监督检查。

17. 加强舆论宣传和引导。开展多层次、多样化的宣传活动，充分发挥媒体的舆论导向作用，大力宣传新能源汽车推广应用在环境改善、能源节约等方面的显著效果和重大作用。组织专家解读新能源汽车全寿命周期成本优势，提高公众对交通运输行业推广应用新能源汽车的认知度和接受度，形成有利于新能源汽车大规模推广应用的良好氛围。

# 财政部 工业和信息化部 交通运输部关于完善城市公交车成品油价格补助政策加快新能源汽车推广应用的通知

(2015年5月11日 财建〔2015〕159号)

各省、自治区、直辖市、计划单列市财政厅（局）、工业和信息化主管部门、交通运输厅（局、委），新疆生产建设兵团财务局、工业和信息化委员会、交通局：

按照《国务院关于印发节能与新能源汽车产业发展规划（2012—2020年）的通知》（国发〔2012〕22号）、《国务院关于印发大气污染防治行动计划的通知》（国发〔2013〕37号）、《国务院办公厅关于加快新能源汽车推广应用的指导意见》（国办发〔2014〕35号）等文件要求，为进一步加快新能源汽车推广应用，促进公交行业节能减排和结构调整，实现公交行业健康、稳定发展，经国务院批准，从2015年起对城市公交车成品油价格补助政策进行调整。有关事项通知如下：

一、充分认识城市公交车成品油价格补助政策调整的重要意义

2006年起实施的成品油价格补助政策，促进了石油价格形成机制的不断完善和城市公交行业的稳定发展。但成品油价格补助政策的长期执行，实际形成了鼓励购买和使用燃油公交车、阻碍新能源公交车推广应用的不良机制，不利于优化公交行业能源消费结构，与国家节能减排、大气污染防治和发展新能源汽车的工作要求不相符，迫切需要发挥价格机制的调节作用，建立鼓励新能源公交车应用、限制燃油公交车增长的新机制。

二、总体思路和基本原则

通过完善城市公交车成品油价格补助政策，进一步理顺补助对象和环

节,加快新能源公交车替代燃油公交车步伐。一方面还原燃油公交车的真实使用成本,遏制燃油公交车数量增加势头,另一方面调动企业购买和使用新能源公交车的积极性,鼓励在新增和更新城市公交车时优先选择新能源公交车,推动新能源公交车规模化推广应用,促进公交行业节能减排,为大气污染防治做出贡献。

(一)总体思路。

统筹考虑各类城市公交车购置和运营成本,在对城市公交行业补助总体水平相对稳定的前提下,调整优化财政补助支出结构,平衡传统燃油公交车和新能源公交车的使用成本,逐步形成新能源汽车的比较优势。循序渐进,分类实施,推动形成有利于城市公交行业节能减排和新能源汽车产业发展的政策环境,确保公交行业平稳转型、健康发展。

(二)基本原则。

一是统筹兼顾,突出重点。统筹考虑城市用油、用气、新能源等公交车一定期限内购置及运营成本,调整现行成品油价格补贴政策,加大对新能源公交车支持力度,及时研究制订用气公交车支持政策。

二是总量稳定,结构优化。在对城市公交行业补助总体规模稳定的前提下,通过逐年降低城市公交车成品油价格补助和增加新能源公交车运营补助,加大对新能源公交车支持力度,逐步形成新能源公交车的比较优势,优化城市公交车辆产品结构。

三是分类实施,循序渐进。对现行城市公交车成品油价格补助中因税费改革产生的补助(即2008年国务院实施成品油价格和税费改革时,对因取消公路养路费等六项收费后提高汽柴油消费税形成的涨价给予的补助,以下简称费改税补助)和成品油价格上涨产生的补助(以下简称涨价补助)区别对待。费改税补助,以2013年实际执行数为基数予以保留。涨价补助与新能源公交车推广完成情况挂钩,补助金额逐步减少。

四是绩效考核,有奖有罚。对各省(区、市)新能源公交车推广情况进行考核,完成新能源公交车推广目标的,给予新能源公交车运营补助;对未完成目标的,按照一定比例扣减本省(区、市)成品油价格补助中的涨价补助。

三、政策措施

（一）调整现行城市公交车成品油价格补助政策。

1. 现行城市公交车成品油价格补助中的费改税补助作为基数保留，不作调整。2015－2019年，费改税补助数额以2013年实际执行数作为基数予以保留，暂不做调整。具体数额见附件1。

2. 现行城市公交车成品油价格补助中的涨价补助以2013年作基数，逐年调整。2015－2019年，现行城市公交车成品油价格补助中的涨价补助以2013年实际执行数作为基数逐步递减，其中2015年减少15%、2016年减少30%、2017年减少40%、2018年减少50%、2019年减少60%，2020年以后根据城市公交车用能结构情况另行确定。具体数额见附件2。

（二）涨价补助数额与新能源公交车推广数量挂钩。2015－2019年，城市公交车成品油价格补助中的涨价补助数额与新能源公交车推广数量挂钩。其中，大气污染治理重点区域和重点省市（包括北京、上海、天津、河北、山西、江苏、浙江、山东、广东、海南），2015－2019年新增及更换的公交车中新能源公交车比重应分别达到40%、50%、60%、70%和80%。中部省（包括安徽、江西、河南、湖北、湖南）和福建省2015－2019年新增及更换的公交车中新能源公交车比重应分别达到25%、35%、45%、55%和65%。其他省（区、市）2015－2019年新增及更换的公交车中新能源公交车比重应分别达到10%、15%、20%、25%和30%。达到上述推广比例要求的，涨价补助按照政策调整后的标准全额拨付。未能达到上述推广比例要求的，扣减当年应拨涨价补助数额的20%。新能源公交车推广考核具体办法由工业和信息化部、交通运输部、财政部另行制订。

（三）调整后的城市公交车成品油价格补助资金由地方统筹使用。调整后的城市公交车成品油价格补助资金由地方统筹用于城市公交车补助。各省（区、市）财政、工业和信息化、交通运输等部门根据本地实际制定具体管理办法。城市公交车补助问题由地方政府通过增加财政补助、调整运价等方式予以解决，确保公交行业稳定。

（四）中央财政对完成新能源公交车推广目标的地区给予新能源公交车运营补助。

为加快新能源公交车替换燃油公交车步伐，2015－2019年期间中央财政对达到新能源公交车推广目标的省份，对纳入工业和信息化部"新能源汽车推广应用工程推荐车型目录"、年运营里程不低于3万公里（含3万公里）的新能源公交车以及非插电式混合动力公交车，按照其实际推广数量给予运营补助。具体标准见附件3。2020年以后再综合考虑产业发展、成本变化及优惠电价等因素调整运营补助政策。

**四、资金申请和拨付**

（一）城市公交车成品油价格补助。

调整后的城市公交车成品油价格补助资金将采取年初预拨、年度清算的资金拨付方式，即：

1. 在每年4月底前，中央财政按照附件1和附件2中确定的补助数额，将各省（区、市）当年应享受的全部费改税补助资金和80%的涨价补助资金，提前拨付给省级财政部门（2015年度补助资金将在政策发布后一个月内拨付地方）。

2. 剩余20%的涨价补助资金，在下一年度4月底前，对该省（区、市）的新能源公交车推广工作核查后，向符合条件的省（区、市）进行拨付，不符合条件的将不予拨付。具体的申报、核查程序以及时间要求如下：

（1）由县、市级交通运输部门和道路运输管理机构组织力量，对本辖区城市公交企业新增及更换公交车数量、新能源公交车实际推广使用数量、新能源公交车行驶里程及车辆购置发票等相关证明材料进行统计、整理、汇总，经核实并公示无异后，于每年2月10日前，逐级上报至省级交通运输部门，同时抄报同级财政、工业和信息化、审计部门。

（2）省级交通运输部门收到下级交通运输部门上报的车辆信息及相关证明材料后，经审核和重点抽查，将本省（区、市）新增及更换公交车数量、新能源公交车实际推广数量、新能源公交车运营里程等情况整理汇总，于每年2月底前，上报至交通运输部，并抄送同级财政、工业和信息化、审计部门及财政部驻当地财政监察专员办事处。

（3）交通运输部会同工业和信息化部对各省（区、市）公交车推广情况进行整理、汇总和分析，核定各省（区、市）新能源公交车推广数量和占新增及更换的公交车的比例,确定各省(区、市)是否完成相应的新能源汽车推广任务,将审核报告于每年3月底前提交至财政部。

(4) 财政部根据交通运输部、工业和信息化部审核结果,向符合条件的省(区、市)拨付剩余20%的城市公交车成品油价格补助资金。

3. 省级财政部门收到财政部下达的补助资金(包括预拨资金和清算资金)后,应当会同同级交通运输、工业和信息化部门逐级下拨资金。基层财政、交通运输和工业和信息化部门应当及时将补助资金发放到补助对象。

(二)新能源公交车运营补助。

新能源公交车运营补助资金将采取存量部分年初拨付、增量部分年终清算的方式,即:

1. 在每年4月底前,中央财政对以前年度(从2015年1月1日起)已购买并上牌,且在正常运行(年运营里程不得低于3万公里)的新能源公交车,按照附件3中确定的补助标准,将运营补助资金拨付给省级财政部门,与城市公交车成品油价格补助预拨资金一并下达。

2. 当年新投入运营的新能源公交车,中央财政将于下一年度4月底前,向符合条件的省(区、市)拨付运营补助资金,与城市公交车成品油价格补助清算资金一并下达;不符合要求的将不予拨付。

补助资金应当专款专用,全额用于补助实际用油者和新能源公交车的运营,不得挪作他用。

五、保障措施

城市公交车成品油价格补助政策调整涉及城市公交企业和广大群众切身利益,实施新能源汽车替代燃油车是一个系统工程,各地区要统一思想,精心组织,周密部署,做好有关工作,确保顺利实施。

(一)加强组织领导。城市公交车成品油价格补助政策调整以省(区、市)为单位实施,财政部、工业和信息化部、交通运输部分工协作,共同督促地方政府加强领导,精心部署,切实做好政策调整的组织实施工作。财政部牵头负责政策制订和调整、组织实施并具体负责中央财政补助资金的管理。工业和信息化部负责采取切实有效措施打破地方保护,督促企业加大新能源公交车生产供应和提高质量安全保障等。交通运输部负责对各地新能源公交车替代燃油公交车工作的考核、监督与指导。

（二）加强监督检查。各省级财政、工业和信息化、交通运输部门要联合有关部门加强对城市公交车成品油价格补助政策调整工作的监督检查，规范补助资金的申请和发放程序，加强资金管理。对弄虚作假、套取补助资金的公交企业，一经查实，追回上年度补助资金，并取消下年度补助资格；对虚报瞒报新能源公交车推广数量和推广比例、扩大范围发放补助资金、截留挪用补助资金的部门和管理人员，一经查实，将严肃处理，并追究相关责任人的责任。

（三）做好政策宣传。财政部、工业和信息化部、交通运输部会同有关部门和行业协会、企业做好宣传工作，加强舆论引导，及时回应社会关切，争取社会各方理解和支持，确保政策调整平稳实施。地方各级人民政府要结合本地实际情况，加强舆论引导。

（四）维护行业稳定。各省（区、市）要加强公交行业动态信息监控，及时掌握改革动态；要充分考虑公共财政保障能力、公众承受能力和企业运营成本，加快建立城市公交成本票价制度，消化补助政策调整给企业增加的运营成本，维护城市公交行业健康稳定发展。

（五）做好政策衔接。地方政府及相关部门应当按照本通知要求，尽快完善补助资金的发放管理制度，并将调整后的补助程序、补助对象、补助标准和金额等内容及时向社会公布。

本通知自2015年1月1日起实施。2009年财政部、交通运输部联合发布的《城乡道路客运成品油价格补助专项资金管理暂行办法》（财建〔2009〕1008号）中关于城市公交的内容同时废止。

附件：1. 各省份城市公交车费改税补助数（略）
2. 各省份城市公交车涨价补助数（2015—2019年）（略）
3. 节能与新能源公交车运营补助标准（2015—2019年）

附件

# 节能与新能源公交车运营补助标准（2015—2019 年）

单位：万元/辆/年

| 车辆类型 | 车长 L（米） | | |
| --- | --- | --- | --- |
| | L≥10 | 6≤L<8 | 8≤L<10 |
| 纯电动公交车 | 4 | 6 | 8 |
| 插电式混合动力（合增程式）公交车 | 2 | 3 | 4 |
| 燃料电池公交车 | 6 | | |
| 超级电容公交车 | 2 | | |
| 非插电式混合动力公交车 | 2 | | |

# 交通运输部 财政部 工业和信息化部关于印发《新能源公交车推广应用考核办法（试行）》的通知

（2015年11月3日 交运发〔2015〕164号）

各省、自治区、直辖市、计划单列市交通运输厅（委）、财政厅（局）、工业和信息化主管部门，新疆生产建设兵团交通局、财务局、工业和信息化委员会：

为进一步加快新能源汽车在公交领域的推广应用，促进公交行业节能减排和结构调整，按照《财政部 工业和信息化部 交通运输部关于完善城市公交车成品油价格补助政策加快新能源汽车推广应用的通知》（财建〔2015〕159号）规定，制定了《新能源公交车推广应用考核办法（试行）》。现予印发，请遵照执行。

附件：新能源公交车推广应用考核办法（试行）

附件

## 新能源公交车推广应用考核办法（试行）

第一条 为进一步加快新能源汽车在公交领域的推广应用，促进公交行业节能减排和结构调整，依据《财政部 工业和信息化部 交通运输部关于完善城市公交车成品油价格补助政策 加快新能源汽车推广应用的通知》（财建〔2015〕159号），制定本办法。

第二条 本办法适用于对各省（区、市）新能源公交车推广应用情况的考核（以下简称考核）。

本办法所称的公交车是指在城市人民政府确定的范围内，依法取得公共交通运营资格并提供公共交通客运服务的车辆，具体由所在地交通运输部门认定。

本办法所称的新能源公交车是指采用新型动力系统，完全或主要依靠新型能源驱动的公交车。

本办法所称非插电式混合动力公交车是指没有外接充电功能的混合动力公交车。

本办法所称新能源公交车和非插电式混合动力公交车合称节能与新能源公交车。

第三条 考核工作应科学规范，遵循公开、公平、公正的原则。

第四条 各省（区、市）交通运输、财政、工业和信息化等部门应当按照本办法要求，切实做好新能源公交车推广应用考核工作。

（一）各级交通运输部门负责督促有关城市公交企业按照城市人民政府确定的推广计划购置符合要求的新能源公交车，并及时投入运营，加强日常监督和检查；会同同级工业和信息化部门统计辖区内新能源公交车推广应用情况，核实并上报统计材料。

（二）各级财政部门负责规范新能源公交车运营补助资金发放程序，加强资金管理，及时拨付和发放补助资金。

（三）各级工业和信息化部门会同同级交通运输、财政部门，负责打破地方保护，督促新能源公交车生产企业加大新能源公交车生产供应和提高质量安全保障，并配合做好辖区内新能源公交车推广应用情况的核实与上报工作。

第五条　新能源公交车推广应用目标完成情况主要考核各省（区、市）每自然年度内新增及更换的公交车中新能源公交车的比重（以下简称新增及更换比重）。

第六条　各省（区、市）每年度新增及更换的公交车中新能源公交车比重应达到以下要求：

（一）北京、上海、天津、河北、山西、江苏、浙江、山东、广东、海南，2015—2019年新增及更换的公交车中新能源公交车比重应分别达到40%、50%、60%、70%和80%。

（二）安徽、江西、河南、湖北、湖南、福建，2015—2019年新增及更换的公交车中新能源公交车比重应分别达到25%、35%、45%、55%和65%。

（三）其他省（区、市）2015—2019年新增及更换的公交车中新能源公交车比重应分别达到10%、15%、20%、25%和30%。

计算新增及更换比重时，以考核年度新增及更换的全部公交车车辆数作为基数（分母），考核年度新增及更换的新能源公交车（不包括非插电式混合动力公交车）车辆数作为分子，计算结果按四舍五入后取整。

第七条　纳入新增及更换比重计算和申请运营补助资金的新能源公交车和非插电式混合动力公交车，必须满足以下条件：

（一）新增及更换的新能源公交车上牌时间应在考核年度内。

（二）车辆应符合节能与新能源汽车相关标准，纳入工业和信息化部节能与新能源汽车示范推广应用工程推荐车型目录。

（三）申请运营补助资金的新能源公交车和非插电式混合动力公交车年度运营里程应不低于3万公里（含3万公里）。

对于考核年度因新增及更换、退出运营等造成实际运营时间不足一年的，以实际运营时间按月折算运营里程，月均运营里程应不低于2500公里（含2500公里），相应公交车辆运营补助标准按月折算，并按照实际运营月份数计算运营补助金额。年度运营里程考核以具体车辆为单位。

**第八条** 从2016年至2020年，考核工作每年一次，按以下程序进行：

（一）每年1月20日前，城市公交企业通过全国新能源公交车运营补贴申报系统填报上一年度新增及更换的所有公交车（含新能源公交车和非新能源公交车）信息，上传机动车登记证书和车辆购置发票等相关证明材料的扫描件，填写新增及更换公交车明细表（见附表1）和节能与新能源公交车运营明细表（见附表2），按程序上报至县、市级交通运输部门。

（二）每年2月10日前，县、市级交通运输部门会同同级工业和信息化部门完成对本辖区城市公交企业节能与新能源公交车推广应用情况统计工作，经核实并公示无异后，填写本辖区节能与新能源公交车推广应用情况汇总表（见附表3）并附第三方审计报告，逐级上报至省级交通运输部门，同时抄报同级财政、工业和信息化、审计部门。

（三）每年2月底前，省级交通运输部门收到下级交通运输部门上报的车辆信息及相关证明材料后，会同省级工业和信息化部门组织审核和重点抽查，填写本省（区、市）节能与新能源公交车推广应用情况汇总表（见附表3），报送至财政部驻当地财政监察专员办事处提出审查意见。省级交通运输部门将审查审核情况及本省（区、市）节能与新能源公交车推广应用情况汇总表上报至交通运输部，并抄送同级财政、工业和信息化、审计部门。

（四）每年3月底前，交通运输部会同工业和信息化部对各省（区、市）节能与新能源公交车推广应用情况整理、汇总和分析，据此核定各省（区、市）新能源公交车推广应用数量和占新增及更换的公交车的比重，确定各省（区、市）是否完成相应的新能源公交车推广应用任务，形成报告并提交至财政部。

**第九条** 新能源公交车生产企业作为产品质量的责任主体，要建立质量安全责任制，确保新能源公交车安全运行。

（一）建立完善的售后服务体系，为城市公交企业提供必要的技术培训，确保产品质量和生产一致性。

（二）对出现故障的车辆及时维修处理，做好技术保障，对于发现的重大产品质量和安全问题，及时启动应急救援预案，并上报工业和信息化部。

（三）负责完善新能源公交车技术监控手段，并将监控数据上传至工业和信息化部的监控平台。

（四）积极配合工业和信息化部开展产品质量和一致性监督检查，以及样车抽检，对于监督检查过程中发现的问题，按要求及时整改。

**第十条** 城市公交企业作为新能源公交车和非插电式混合动力公交车的运营和补贴资金申报主体，应当建立车辆管理档案与基础台账，对上报材料的真实性和准确性负责。鼓励城市公交企业采用信息化手段完整、准确地记录所属车辆基础信息与运营信息。

**第十一条** 城市公交企业应当按照本办法规定，如实填报有关报表，未按期报送有关报表的，不予补助。

对弄虚作假、套取补助资金的城市公交企业，一经查实，追回上年度补助资金。

对虚报瞒报新能源公交车推广应用数量和推广应用比重、扩大范围发放补助资金、截留挪用补助资金的部门和管理人员，一经查实，将严肃处理，并追究相关责任人责任。

**第十二条** 各省（区、市）交通运输、财政、工业和信息化等部门应当结合本地实际制定实施细则。

**第十三条** 本办法由交通运输部、财政部、工业和信息化部负责解释。

**第十四条** 本办法自发布之日起施行。

附表1

## 新增及更换公交车明细表（_____年度）

填报单位：（盖章）_____　　企业组织机构代码：_____　　企业登记注册地：_____
填报人：_____　　联系电话：_____　　填报日期：_____

| 序号 | 车牌号码 | 车牌颜色 | 上牌日期 | 车辆型号/产品型号 | 生产企业 | 商标 | 车长（毫米） | 车辆类别 | 是否属于推广车型 | 购置发票是否真实完整 |
|---|---|---|---|---|---|---|---|---|---|---|
|  |  |  |  |  |  |  |  |  |  |  |
|  |  |  |  |  |  |  |  |  |  |  |
|  |  |  |  |  |  |  |  |  |  |  |

承诺：我承诺本表中所填数据均真实可靠，并承担因数据问题带来的法律责任。

企业负责人签名：_____　　日期：_____

填表说明：1. 本表由城市公交企业填写，统计期为每年的1月1日到12月31日；
2. "上牌日期"以《机动车登记证书》的登记日期为准；
3. "车辆类别"分为以下几类：纯电动公交车、插电式混合动力（含增程式）公交车、燃料电池公交车、超级电容公交车、非插电式混合动力公交车和其他；
4. "是否属于推广车型"是指申报车辆的车型是否纳入工业和信息化部"节能与新能源汽车示范推广应用工程推荐车型目录"，由申报系统根据填报车型自动判断。

## 附表2

## 节能与新能源公交车运营明细表（_____年度）

填报单位：（盖章）　　　　　企业组织机构代码：　　　　　企业登记注册地：
填报人：　　　　　　　　　　联系电话：　　　　　　　　　　填报日期：

| 序号 | 车牌号码 | 车牌颜色 | 上牌日期 | 车辆类别 | 车长（毫米） | 变更情况 | 变更日期 | 是否为新增及更换车辆 | 运营月数 | 行驶里程（公里） |
|---|---|---|---|---|---|---|---|---|---|---|
|  |  |  |  |  |  |  |  |  |  |  |
|  |  |  |  |  |  |  |  |  |  |  |
|  |  |  |  |  |  |  |  |  |  |  |
|  |  |  |  |  |  |  |  |  |  |  |
|  |  |  |  |  |  |  |  |  |  |  |
|  |  |  |  |  |  |  |  |  |  |  |

承诺：我承诺本表中所填数据均真实可靠，并承担因数据问题带来的法律责任。

企业负责人签名：　　　　　　　　日期：

填表说明：1. 本表由城市公交企业填写，统计期为每年的1月1日到12月31日；
2. "车辆类别"分为以下几类：纯电动公交车，插电式混合动力（含增程式）公交车，燃料电池公交车，超级电容公交车，非插电式混合动力公交车和其他；
3. "变更情况"按照车辆实际情况填写"新购置"、"过户转入"、"过户转出"、"报废"、"无变更"；
4. "运营月数"指车辆实际投入运营的月份数，按车辆实际投入运营天数除以30后四舍五入取整，新购置及过户转入车辆从上牌日期起算。

附表3

## 节能与新能源公交车推广应用情况汇总表（_____年度）

省（自治区、直辖市）_____ 县（市、区）_____

填报单位：（盖章） 填报时间：_____ 填报人：_____ 联系电话：_____

| 地市 | 新增及更换数量（辆） | | | | | | | | | 新增及更换比重（%） | | |
|---|---|---|---|---|---|---|---|---|---|---|---|---|
| | 纯电动公交车 | | | 插电式混合动力（含增程式）公交车 | | | 燃料电池公交车 | 超级电容公交车 | 非插电式混合动力公交车 | 燃料电池公交车 | 超级电容公交车 | 非插电式混合动力公交车 |
| | 6≤L<8 | 8≤L<10 | L≥10 | 6≤L<8 | 8≤L<10 | L≥10 | L≥6 | L≥6 | L≥6 | L≥6 | L≥6 | L≥6 |
| 新增及更换公交车数量（辆） | | | | | | | | | | | | |
| 运营里程达到补贴标准的节能与新能源公交车 车辆数（辆） 存量部分 | | | | | | | | | | | | |
| 增量部分 | | | | | | | | | | | | |
| 合计 | | | | | | | | | | | | |
| 运营月数（月） 存量部分 | | | | | | | | | | | | |
| 增量部分 | | | | | | | | | | | | |
| 合计 | | | | | | | | | | | | |

填表说明：1. 本表由交通运输部门填写，统计期为每年的1月1日到12月31日；
2. "L"代表车长，单位为"米"。

# 财政部　科技部　工业和信息化部　发展改革委关于调整新能源汽车推广应用财政补贴政策的通知

(2016年12月29日　财建〔2016〕958号)

各省、自治区、直辖市、计划单列市财政厅（局）、科技厅（局、科委）、工业和信息化主管部门、发展改革委：

为进一步促进新能源汽车产业健康发展，不断提高产业技术水平，增强核心竞争力，做好新能源汽车推广应用，经国务院批准，现将有关事项通知如下：

一、调整完善推广应用补贴政策

（一）提高推荐车型目录门槛并动态调整。一是增加整车能耗要求。纯电动乘用车按整车整备质量不同，增加相应工况条件下百公里耗电量要求；纯电动专用车按照车型类别增加单位载质量能量消耗量（$E_{kg}$）、吨百公里电耗等要求；进一步提升纯电动客车单位载质量能量消耗量（$E_{kg}$）要求。二是提高整车续驶里程门槛要求。提高纯电动客车、燃料电池汽车续驶里程要求，适时将新能源客车续驶里程测试方法由40km/h等速法调整为工况法；逐步提高纯电动乘用车续驶里程门槛。三是引入动力电池新国标，提高动力电池的安全性、循环寿命、充放电性能等指标要求，设置动力电池能量密度门槛。提高燃料电池汽车技术要求。四是提高安全要求，对由于产品质量引起安全事故的车型，视事故性质、严重程度等扣减补贴资金、暂停车型或企业补贴资格。五是建立市场抽检机制，强化验车环节管理，对抽检不合格的企业及产品，及时清理出《新能源汽车推广应用推荐车型目录》（以下简称《目录》）。六是建立《目录》动态管理制度。新能源汽车产品纳入《目录》后销售推广方可申请补贴。一年内仍没有实际销售的车型，取消《目录》资格。七是督促推广的新能源汽车应用。非个人用户购买的新能源汽车申请补贴，累计行驶里程须达到3万公里（作业类专用车除外），补贴标准和技术要求按照车辆获得行驶证年度执行。

（二）在保持2016—2020年补贴政策总体稳定的前提下，调整新能源汽车补贴标准。对新能源客车，以动力电池为补贴核心，以电池的生产成本和技术进步水平为核算依据，设定能耗水平、车辆续驶里程、电池/整车重量比重、电池性能水平等补贴准入门槛，并综合考虑电池容量大小、能量密度水平、充电倍率、节油率等因素确定车辆补贴标准。进一步完善新能源货车和专用车补贴标准，按提供驱动动力的电池电量分档累退方式核定。同时，分别设置中央和地方补贴上限，其中地方财政补贴（地方各级财政补贴总和）不得超过中央财政单车补贴额的50%（详细方案附后）。除燃料电池汽车外，各类车型2019—2020年中央及地方补贴标准和上限，在现行标准基础上退坡20%。同时，有关部委将根据新能源汽车技术进步、产业发展、推广应用规模等因素，不断调整完善。

（三）改进补贴资金拨付方式。每年初，生产企业提交上年度的资金清算报告及产品销售、运行情况，包括销售发票、产品技术参数和车辆注册登记信息等，企业注册所在地新能源汽车推广牵头部门会同有关部门对企业所上报材料审查核实并公示无异后逐级报省级推广工作牵头部门；省级新能源汽车推广牵头部门会同相关部门，审核并重点抽查后，将申报材料报至工业和信息化部、财政部，并抄送科技部、发展改革委。工业和信息化部会同有关部门对各地申请报告进行审核，并结合日常核查和重点抽查情况，向财政部出具核查报告。财政部根据核查报告按程序拨付补贴资金。

二、落实推广应用主体责任

（一）生产企业是确保新能源汽车推广信息真实准确的责任主体。生产企业应严格遵守国家和行业相关法律法规、标准和制度办法；应对自身生产和销售环节加强管理与控制，会同销售企业对上报的新能源汽车推广信息的真实可靠性负责；应制定切实可行的管控方案，运用产品信息管理系统等，加强对其各级销售商销售信息的管理，销售企业应严格核对每一笔销售信息，确保逐级上报的产品推广信息和消费者信息真实、准确、可查。生产企业应建立企业监控平台，全面、真实、实时反映车辆的销售、运行情况，并按照国家有关要求，统一接口和数据交换协议，及时、准确上报相关信息。新出厂车辆必须安装车载终端等远程监控设备；2016年及以前已出厂或销售车辆，为用户提供无偿加装服务；对销售给个人消费者的车辆，在信息采集和管理上应严格保护个人隐私。

（二）地方政府是实施配套政策、组织推广工作的责任主体。地方政府应认真落实国务院有关文件要求，承担新能源汽车推广应用主体责任，要明确本地新能源汽车推广牵头部门，切实做好新能源汽车推广组织实施工作。一是调整完善地方支持政策。各级地方政府应结合本地实际，科学制定新能源汽车推广方案，加大对新能源汽车充电基础设施的支持力度，加大城市公交、出租、环卫等公共服务领域新能源汽车更新更换力度，加强对企业监督检查。二是强化资金使用管理。地方新能源汽车推广牵头部门应会同有关部门切实承担财政资金申报使用管理的监管，按各自职责对车辆上牌、车辆运营、补贴申报、数据审核等环节严格审核把关；应加强验车环节管理，确保车辆交付使用时整车及电池等核心零部件与《道路机动车辆生产企业及产品公告》（以下简称《公告》）一致；应建立责任追究制度，依法对把关不严的责任人予以追究，加大对骗补等失信企业处罚。各地财政部门应加强财政资金管理，根据企业实际推广情况拨付补贴资金，确保补贴资金安全有效。三是建立健全地方监管平台。有关省（区、市）应建立地方新能源汽车监管平台，及时汇总整理企业报送数据，对接国家监管平台，加强对本地区车辆的监督管理。四是优化产业发展环境。不得对新能源汽车实施限行限购政策。应严格执行国家统一的《目录》，不得设置或变相设置障碍限制外地品牌车辆及零部件、外地充电设施建设、运营企业进入本地市场。

（三）国家有关部门将加强推广应用监督检查。工业和信息化部牵头建立国家新能源汽车监管平台，并通过该平台对新能源车辆（私人购买乘用车可视情况适当放宽）推广应用等情况进行日常监管。此外，工业和信息化部会同有关部门建立新能源汽车推广核查制度，定期不定期组织第三方机构或省级有关部门开展新能源汽车推广信息核查、抽查。

### 三、建立惩罚机制

（一）对违规谋补和以虚报、冒领等手段骗补的企业，追回违反规定谋取、骗取的有关资金，没收违法所得，并按《财政违法行为处罚处分条例》等有关规定对相关企业和人员予以罚款等处罚，涉嫌犯罪的交由司法机关查处。同时，依情节严重程度，采取暂停或取消车辆生产企业及产品《公告》、取消补贴资金申请资格等处理处罚措施。对不配合推广信息核查，以及相关部门核查抽查认定虚假销售、产品配置和技术状态与《公告》《目录》不一致、上传数据与实际不符、车辆获得补贴后闲置等行为，将视情节严重程度，采取扣减补贴资金、取消补贴资金申请资格、暂停或取消车辆生产企业或产品《公告》等处罚措施。对在应用中存在安全隐患、发生安全事故的产品，视事故性质、严重程度等采取停止生产、责令立即改正、暂停补贴资金申请资格等处理处罚措施。

（二）对协助企业以虚报、冒领等手段骗取财政补贴资金的政府机关及其工作人员，按照《公务员法》《行政监察法》等法律法规追究相应责任；涉嫌犯罪的，移送司法机关处理。

（三）对管理制度不健全、审核把关不严、核查工作组织不力、存在企业骗补行为的地区，将视情况严重程度予以通报批评、扣减基础设施奖补资金等处理处罚。

本通知从2017年1月1日起实施，其他相关规定继续按《关于2016—2020年新能源汽车推广应用财政支持政策的通知》（财建〔2015〕134号）执行。

附件：新能源汽车推广补贴方案及产品技术要求

附件

# 新能源汽车推广补贴方案及产品技术要求

## 一、新能源客车补贴标准和技术要求

（一）新能源客车补贴标准。补贴金额＝车辆带电量×单位电量补贴标准×调整系数（调整系数：系统能量密度/充电倍率/节油水平），具体如下：

| 车辆类型 | 中央财政补贴标准（元/kWh） | 中央财政补贴调整系数 | | | 中央财政单车补贴上限（万元） | | | 地方财政单车补贴 |
|---|---|---|---|---|---|---|---|---|
| | | | | | 6＜L≤8m | 8＜L≤10m | L＞10m | |
| 非快充类纯电动客车 | 1800 | 系统能量密度（Wh/kg） | | | 9 | 20 | 30 | 不超过中央财政单车补贴额的50% |
| | | 85－95（含） | 95－115（含） | 115以上 | | | | |
| | | 0.8 | 1 | 1.2 | | | | |
| 快充类纯电动客车 | 3000 | 快充倍率 | | | 6 | 12 | 20 | |
| | | 3C—5C（含） | 5C—15C（含） | 15C以上 | | | | |
| | | 0.8 | 1 | 1.4 | | | | |
| 插电式混合动力（含增程式）客车 | 3000 | 节油率水平 | | | 4.5 | 9 | 15 | |
| | | 40%—45%（含） | 45%—60%（含） | 60%以上 | | | | |
| | | 0.8 | 1 | 1.2 | | | | |

（二）新能源客车技术要求

1. 单位载质量能量消耗量（$E_{kg}$）不高于 0.24Wh/km·kg。

2. 纯电动客车（不含快充和插电式混合动力客车）续驶里程不低于 200 公里（等速法）。

3. 电池系统总质量占整车整备质量比例（m/m）不高于 20%。

4. 非快充类纯电动客车电池系统能量密度要高于 85Wh/kg，快充类纯电动客车快充倍率要高于 3C，插电式混合动力（含增程式）客车节油率水平要高于40%。

二、新能源乘用车补贴标准和技术要求

（一）新能源乘用车、插电式混合动力（含增程式）乘用车推广应用补贴标准如下：

单位：万元/辆

| 车辆类型 | 纯电动续驶里程R（工况法、公里） | | | | 地方财政单车补贴上限（万元） |
|---|---|---|---|---|---|
| | 100≤R<150 | 150≤R<250 | R≥250 | R≥50 | |
| 纯电动乘用车 | 2 | 3.6 | 4.4 | — | 不超过中央财政单车补贴额的50% |
| 插电式混合动力乘用车（含增程式） | — | — | — | 2.4 | |

（二）新能源乘用车技术要求

1. 纯电动乘用车30分钟最高车速不低于100km/h。

2. 纯电动乘用车动力电池系统的质量能量密度不低于90Wh/kg，对高于120Wh/kg的按1.1倍给予补贴。

3. 纯电动乘用车产品，按整车整备质量（m）不同，工况条件下百公里耗电量（Y）应满足以下要求：m≤1000kg时，Y≤0.014×m+0.5；1000<m≤1600kg时，Y≤0.012×m+2.5；m>1600kg时，Y≤0.005×m+13.7。

4. 工况纯电续驶里程低于80km的插电式混合动力乘用车B状态燃料消耗量（不含电能转化的燃料消耗量）与现行的常规燃料消耗量国家标准中对应限值相比小于70%。工况纯电续驶里程大于等于80km的插电式混合动力乘用车，其A状态百公里耗电量满足与纯电动乘用车相同的要求。

三、新能源货车和专用车补贴标准和技术要求

（一）新能源货车和专用车以提供驱动动力的动力电池总储电量为依据，采取分段超额累退方式给予补贴，具体如下：

| 补贴标准（元/kWh） | | | 中央财政单车补贴上限（万元） | 地方财政单车补贴上限 |
|---|---|---|---|---|
| 30（含）kWh以下部分 | 30~50（含）kWh部分 | 50kWh以上部分 | | |
| 1500 | 1200 | 1000 | 15 | 不超过中央财政单车补贴额的50% |

## （二）新能源货车和专用车技术要求

1. 装载动力电池系统质量能量密度不低于90Wh/kg。

2. 纯电动货车、运输类专用车单位载质量能量消耗量（$E_{kg}$）不高于0.5Wh/km·kg，其他类纯电动专用车吨百公里电耗（按试验质量）不超过13kWh。

## 四、燃料电池汽车补贴标准和技术要求

（一）燃料电池汽车推广应用补贴标准如下：

单位：万元/辆

| 车 辆 类 型 | 补 贴 标 准 |
| --- | --- |
| 燃料电池乘用车 | 20 |
| 燃料电池轻型客车、货车 | 30 |
| 燃料电池大中型客车、中重型货车 | 50 |

（二）燃料电池汽车技术要求

1. 燃料电池系统的额定功率不低于驱动电机额定功率的30%，且不小于30kW。燃料电池系统额定功率大于10kW但小于30kW的燃料电池乘用车，按燃料电池系统额定功率6000元/kW给予补贴。

2. 燃料电池汽车纯电续驶里程不低于300公里。

## 五、动力电池技术要求

新能源汽车所采用的动力电池应满足如下标准要求：

1. 储能装置（单体、模块）：电动道路车辆用锌空气蓄电池（标准号GB/T 18333.2—2015，6.2.4条/6.3.4条90度倾倒试验暂不执行）、车用超级电容器（标准号QC/T 741—2014）、电动汽车用动力蓄电池循环寿命要求及试验方法（标准号GB/T 31484—2015，6.5工况循环寿命暂不执行）、电动汽车用动力蓄电池安全要求及试验方法（标准号GB/T 31485—2015，6.2.8、6.3.8针刺试验暂不执行）。

2. 储能装置（电池包）：电动汽车用锂离子动力蓄电池包和系统第3部分：安全性要求与测试方法（标准号GB/T 31467.3—2015）。

# 六、公共交通财政及税收优惠政策

# 财政部 国家税务总局关于城市公交站场道路客运站场城市轨道交通系统城镇土地使用税优惠政策的通知

(2016年2月4日 财税〔2016〕16号)

各省、自治区、直辖市、计划单列市财政厅（局）、地方税务局，西藏、宁夏、青海省（自治区）国家税务局，新疆生产建设兵团财务局：

为支持公共交通发展，经国务院批准，现将城市公交站场、道路客运站场、城市轨道交通系统城镇土地使用税优惠政策通知如下：

一、对城市公交站场、道路客运站场、城市轨道交通系统运营用地，免征城镇土地使用税。

二、城市公交站场运营用地，包括城市公交首末车站、停车场、保养场、站场办公用地、生产辅助用地。

道路客运站场运营用地，包括站前广场、停车场、发车位、站务用地、站场办公用地、生产辅助用地。

城市轨道交通系统运营用地，包括车站（含出入口、通道、公共配套及附属设施）、运营控制中心、车辆基地（含单独的综合维护中心、车辆段）以及线路用地，不包括购物中心、商铺等商业设施用地。

三、城市公交站场、道路客运站场，是指经县级以上（含县级）人民政府交通运输主管部门等批准建设的，为公众及旅客、运输经营者提供站务服务的场所。

城市轨道交通系统，是指依规定批准建设的，采用专用轨道导向运行的城市公共客运交通系统，包括地铁系统、轻轨系统、单轨系统、有轨电车、磁浮系统、自动导向轨道系统、市域快速轨道系统，不包括旅游景区等单位内部为特定人群服务的轨道系统。

四、符合上述免税条件的单位，须持相关文件及用地情况等向主管税务机关办理备案手续。

五、本通知执行期限为2016年1月1日至2018年12月31日。

# 财政部 国家税务总局关于城市公交企业购置公共汽电车辆免征车辆购置税的通知

(2016年7月25日  财税〔2016〕84号)

各省、自治区、直辖市、计划单列市财政厅(局)、国家税务局,新疆生产建设兵团财务局:

经国务院批准,现将城市公交企业购置公共汽电车辆免征车辆购置税有关政策通知如下:

一、自2016年1月1日起至2020年12月31日止,对城市公交企业购置的公共汽电车辆免征车辆购置税。

上述城市公交企业是指,由县级以上(含县级)人民政府交通运输主管部门认定的,依法取得城市公交经营资格,为公众提供公交出行服务的企业。

上述公共汽电车辆是指,由县级以上(含县级)人民政府交通运输主管部门按照车辆实际经营范围和用途等界定的,在城市中按规定的线路、站点、票价和时刻表营运,供公众乘坐的经营性客运汽车和无轨电车。

二、免税车辆因转让、改变用途等原因不再属于免税范围的,应按照《中华人民共和国车辆购置税暂行条例》第十五条的规定补缴车辆购置税。

三、城市公交企业在办理车辆购置税纳税申报时,需向所在地主管税务机关提供所在地县级以上(含县级)交通运输主管部门出具的城市公交企业和公共汽电车辆认定证明,主管税务机关依据证明文件为企业办理免税手续。城市公交企业办理免税手续的截止日期为2021年3月31日,逾期不办理的,不予免税。

四、2016年1月1日后城市公交企业购置的公共汽电车辆,在本通知下发前已缴纳车辆购置税的,主管税务机关按规定退还已征税款。

# 国家税务总局 交通运输部关于城市公交企业购置公共汽电车辆免征车辆购置税有关问题的通知

(2016年10月25日 税总发〔2016〕157号)

各省、自治区、直辖市和计划单列市国家税务局、交通运输厅（局、委），新疆生产建设兵团交通局：

根据《财政部 国家税务总局关于城市公交企业购置公共汽电车辆免征车辆购置税的通知》（财税〔2016〕84号）规定，对城市公交企业自2016年1月1日起至2020年12月31日止购置的公共汽电车辆免征车辆购置税。现就有关问题通知如下：

一、各省、自治区、直辖市和计划单列市（以下简称"各省、区、市"）国家税务局与交通运输主管部门应互相配合，共同做好此项工作。各省、区、市交通运输厅（局、委）负责编制本地区《城市公共交通管理部门（包括县及县级以上公交行政管理部门、交通运输管理部门等）与城市公交企业名录》，于2016年11月20日前交各省、区、市国家税务局备案。

二、各省、区、市国家税务局应于2016年11月30日前将本省、区、市《城市公共交通管理部门与城市公交企业名录》下发至各地（市）国家税务局。

三、城市公交企业向车辆购置税征收管理机关申报办理车辆购置税免税手续时，应当提供《车辆购置税征收管理办法》规定的相关资料，以及所在地县级以上（含县级）交通运输主管部门按照《公共汽车类型划分及等级评定》（JT/T 888—2014）标准要求进行复核，并依此出具的城市公交企业和公共汽电车辆认定证明、公共汽电车辆购置计划、采购合同或税务机关要求提供的其他证明材料的原件和复印件，原件经税务机关核对后退还，复印件由税务机关留存。车辆购置税征收管理机关依据上述材料为城市公交企业办理车辆购置税免税手续。

四、城市公交企业为新购置的公共汽电车辆办理免税手续后，因车辆转让、改变用途等原因导致免税条件消失的，应当到税务机关重新办理申报缴税手续。未按规定办理的，依据相关规定处理。

五、城市公交企业购置公共汽电车辆免征车辆购置税政策的起止时间，以《机动车销售统一发票》开具日期为准。

# 七、政府购买服务相关政策

# 国务院办公厅关于政府向社会力量购买服务的指导意见

(2013年9月26日　国办发〔2013〕96号)

各省、自治区、直辖市人民政府，国务院各部委、各直属机构：

党的十八大强调，要加强和创新社会管理，改进政府提供公共服务方式。新一届国务院对进一步转变政府职能、改善公共服务作出重大部署，明确要求在公共服务领域更多利用社会力量，加大政府购买服务力度。经国务院同意，现就政府向社会力量购买服务提出以下指导意见。

## 一、充分认识政府向社会力量购买服务的重要性

改革开放以来，我国公共服务体系和制度建设不断推进，公共服务提供主体和提供方式逐步多样化，初步形成了政府主导、社会参与、公办民办并举的公共服务供给模式。同时，与人民群众日益增长的公共服务需求相比，不少领域的公共服务存在质量效率不高、规模不足和发展不平衡等突出问题，迫切需要政府进一步强化公共服务职能，创新公共服务供给模式，有效动员社会力量，构建多层次、多方式的公共服务供给体系，提供更加方便、快捷、优质、高效的公共服务。政府向社会力量购买服务，就是通过发挥市场机制作用，把政府直接向社会公众提供的一部分公共服务事项，按照一定的方式和程序，交由具备条件的社会力量承担，并由政府根据服务数量和质量向其支付费用。近年来，一些地方立足实际，积极开展向社会力量购买服务的探索，取得了良好效果，在政策指导、经费保障、工作机制等方面积累了不少好的做法和经验。

实践证明，推行政府向社会力量购买服务是创新公共服务提供方式、加快服务业发展、引导有效需求的重要途径，对于深化社会领域改革，推动政府职能转变，整合利用社会资源，增强公众参与意识，激发经济社会活力，增加公共服务供给，提高公共服务水平和效率，都具有重要意义。

地方各级人民政府要结合当地经济社会发展状况和人民群众的实际需求,因地制宜、积极稳妥地推进政府向社会力量购买服务工作,不断创新和完善公共服务供给模式,加快建设服务型政府。

**二、正确把握政府向社会力量购买服务的总体方向**

(一)指导思想。

以邓小平理论、"三个代表"重要思想、科学发展观为指导,深入贯彻落实党的十八大精神,牢牢把握加快转变政府职能、推进政事分开和政社分开、在改善民生和创新管理中加强社会建设的要求,进一步放开公共服务市场准入,改革创新公共服务提供机制和方式,推动中国特色公共服务体系建设和发展,努力为广大人民群众提供优质高效的公共服务。

(二)基本原则。

——积极稳妥,有序实施。立足社会主义初级阶段基本国情,从各地实际出发,准确把握社会公共服务需求,充分发挥政府主导作用,有序引导社会力量参与服务供给,形成改善公共服务的合力。

——科学安排,注重实效。坚持精打细算,明确权利义务,切实提高财政资金使用效率,把有限的资金用在刀刃上,用到人民群众最需要的地方,确保取得实实在在的成效。

——公开择优,以事定费。按照公开、公平、公正原则,坚持费随事转,通过竞争择优的方式选择承接政府购买服务的社会力量,确保具备条件的社会力量平等参与竞争。加强监督检查和科学评估,建立优胜劣汰的动态调整机制。

——改革创新,完善机制。坚持与事业单位改革相衔接,推进政事分开、政社分开,放开市场准入,释放改革红利,凡社会能办好的,尽可能交给社会力量承担,有效解决一些领域公共服务产品短缺、质量和效率不高等问题。及时总结改革实践经验,借鉴国外有益成果,积极推动政府向社会力量购买服务的健康发展,加快形成公共服务提供新机制。

(三)目标任务。

"十二五"时期,政府向社会力量购买服务工作在各地逐步推开,统一有效的购买服务平台和机制初步形成,相关制度法规建设取得明显进展。到2020年，在全国基本建立比较完善的政府向社会力量购买服务制度，形成与经济社会发展相适应、高效合理的公共服务资源配置体系和供给体系，公共服务水平和质量显著提高。

### 三、规范有序开展政府向社会力量购买服务工作

（一）购买主体。

政府向社会力量购买服务的主体是各级行政机关和参照公务员法管理、具有行政管理职能的事业单位。纳入行政编制管理且经费由财政负担的群团组织，也可根据实际需要，通过购买服务方式提供公共服务。

（二）承接主体。

承接政府购买服务的主体包括依法在民政部门登记成立或经国务院批准免予登记的社会组织，以及依法在工商管理或行业主管部门登记成立的企业、机构等社会力量。承接政府购买服务的主体应具有独立承担民事责任的能力，具备提供服务所必需的设施、人员和专业技术的能力，具有健全的内部治理结构、财务会计和资产管理制度，具有良好的社会和商业信誉，具有依法缴纳税收和社会保险的良好记录，并符合登记管理部门依法认定的其他条件。承接主体的具体条件由购买主体会同财政部门根据购买服务项目的性质和质量要求确定。

（三）购买内容。

政府向社会力量购买服务的内容为适合采取市场化方式提供、社会力量能够承担的公共服务，突出公共性和公益性。教育、就业、社保、医疗卫生、住房保障、文化体育及残疾人服务等基本公共服务领域，要逐步加大政府向社会力量购买服务的力度。非基本公共服务领域，要更多更好地发挥社会力量的作用，凡适合社会力量承担的，都可以通过委托、承包、采购等方式交给社会力量承担。对应当由政府直接提供、不适合社会力量承担的公共服务，以及不属于政府职责范围的服务项目，政府不得向社会力量购买。各地区、各有关部门要按照有利于转变政府职能，有利于降低服务成本，有利于提升服务质量水平和资金效益的原则，在充分听取社会各界意见基础上，研究制定政府向社会力量购买服务的指导性目录，明确政府购买的服务种类、性质和内容，并在总结试点经验基础上，及时进行

动态调整。

（四）购买机制。

各地要按照公开、公平、公正原则，建立健全政府向社会力量购买服务机制，及时、充分向社会公布购买的服务项目、内容以及对承接主体的要求和绩效评价标准等信息，建立健全项目申报、预算编报、组织采购、项目监管、绩效评价的规范化流程。购买工作应按照政府采购法的有关规定，采用公开招标、邀请招标、竞争性谈判、单一来源、询价等方式确定承接主体，严禁转包行为。购买主体要按照合同管理要求，与承接主体签订合同，明确所购买服务的范围、标的、数量、质量要求，以及服务期限、资金支付方式、权利义务和违约责任等，按照合同要求支付资金，并加强对服务提供全过程的跟踪监管和对服务成果的检查验收。承接主体要严格履行合同义务，按时完成服务项目任务，保证服务数量、质量和效果。

（五）资金管理。

政府向社会力量购买服务所需资金在既有财政预算安排中统筹考虑。随着政府提供公共服务的发展所需增加的资金，应按照预算管理要求列入财政预算。要严格资金管理，确保公开、透明、规范、有效。

（六）绩效管理。

加强政府向社会力量购买服务的绩效管理，严格绩效评价机制。建立健全由购买主体、服务对象及第三方组成的综合性评审机制，对购买服务项目数量、质量和资金使用绩效等进行考核评价。评价结果向社会公布，并作为以后年度编制政府向社会力量购买服务预算和选择政府购买服务承接主体的重要参考依据。

四、扎实推进政府向社会力量购买服务工作

（一）加强组织领导。

推进政府向社会力量购买服务，事关人民群众切身利益，是保障和改善民生的一项重要工作。地方各级人民政府要把这项工作列入重要议事日程，加强统筹协调，立足当地实际认真制定并逐步完善政府向社会力量购买服务的政策措施和实施办法，并抄送上一级政府财政部门。财政部要会同有关部门加强对各地开展政府向社会力量购买服务工作的指导和监督，总结推广成功经验，积极推动相关制度法规建设。

（二）健全工作机制。

政府向社会力量购买服务，要按照政府主导、部门负责、社会参与、共同监督的要求，确保工作规范有序开展。地方各级人民政府可根据本地区实际情况，建立"政府统一领导，财政部门牵头，民政、工商管理以及行业主管部门协同，职能部门履职，监督部门保障"的工作机制，拟定购买服务目录，确定购买服务计划，指导监督购买服务工作。相关职能部门要加强协调沟通，做到各负其责、齐抓共管。

（三）严格监督管理。

各地区、各部门要严格遵守相关财政财务管理规定，确保政府向社会力量购买服务资金规范管理和使用，不得截留、挪用和滞留资金。购买主体应建立健全内部监督管理制度，按规定公开购买服务相关信息，自觉接受社会监督。承接主体应当健全财务报告制度，并由具有合法资质的注册会计师对财务报告进行审计。财政部门要加强对政府向社会力量购买服务实施工作的组织指导，严格资金监管，监察、审计等部门要加强监督，民政、工商管理以及行业主管部门要按照职能分工将承接政府购买服务行为纳入年检、评估、执法等监管体系。

（四）做好宣传引导。

地方各级人民政府和国务院有关部门要广泛宣传政府向社会力量购买服务工作的目的、意义、目标任务和相关要求，做好政策解读，加强舆论引导，主动回应群众关切，充分调动社会参与的积极性。

# 财政部　民政部　工商总局关于印发《政府购买服务管理办法（暂行）》的通知

（2014年12月15日　财综〔2014〕96号）

党中央有关部门，国务院各部委、各直属机构，全国人大常委会办公厅，全国政协办公厅，高法院，高检院，有关人民团体，各民主党派中央，全国工商联，各省、自治区、直辖市、计划单列市财政厅（局）、民政厅（局）、工商行政管理局，新疆生产建设兵团财务局、民政局、工商行政管理局：

根据党的十八届三中全会有关精神和《国务院办公厅关于政府向社会力量购买服务的指导意见》（国办发〔2013〕96号）部署，为加快推进政府购买服务改革，我们制定了《政府购买服务管理办法（暂行）》。现印发给你们，请认真贯彻执行。

附件：政府购买服务管理办法（暂行）

附件

# 政府购买服务管理办法（暂行）

## 第一章 总　　则

**第一条** 为了进一步转变政府职能，推广和规范政府购买服务，更好发挥市场在资源配置中的决定性作用，根据《中华人民共和国预算法》、《中华人民共和国政府采购法》、《中共中央关于全面深化改革若干重大问题的决定》、《国务院办公厅关于政府向社会力量购买服务的指导意见》（国办发〔2013〕96号）等有关要求和规定，制定本办法。

**第二条** 本办法所称政府购买服务，是指通过发挥市场机制作用，把政府直接提供的一部分公共服务事项以及政府履职所需服务事项，按照一定的方式和程序，交由具备条件的社会力量和事业单位承担，并由政府根据合同约定向其支付费用。

政府购买服务范围应当根据政府职能性质确定，并与经济社会发展水平相适应。属于事务性管理服务的，应当引入竞争机制，通过政府购买服务方式提供。

**第三条** 政府购买服务遵循以下基本原则：

（一）积极稳妥，有序实施。从实际出发，准确把握社会公共服务需求，充分发挥政府主导作用，探索多种有效方式，加大社会组织承接政府购买服务支持力度，增强社会组织平等参与承接政府购买公共服务的能力，有序引导社会力量参与服务供给，形成改善公共服务的合力。

（二）科学安排，注重实效。突出公共性和公益性，重点考虑、优先安排与改善民生密切相关、有利于转变政府职能的领域和项目，明确权利义务，切实提高财政资金使用效率。

（三）公开择优，以事定费。按照公开、公平、公正原则，坚持费随事转，通过公平竞争择优选择方式确定政府购买服务的承接主体，建立优胜劣汰的动态调整机制。

（四）改革创新，完善机制。坚持与事业单位改革、社会组织改革相衔接，推进政事分开、政社分开，放宽市场准入，凡是社会能办好的，都交给社会力量承担，不断完善体制机制。

## 第二章 购买主体和承接主体

第四条 政府购买服务的主体（以下简称购买主体）是各级行政机关和具有行政管理职能的事业单位。

第五条 党的机关、纳入行政编制管理且经费由财政负担的群团组织向社会提供的公共服务以及履职服务，可以根据实际需要，按照本办法规定实施购买服务。

第六条 承接政府购买服务的主体（以下简称承接主体），包括在登记管理部门登记或经国务院批准免予登记的社会组织、按事业单位分类改革应划入公益二类或转为企业的事业单位，依法在工商管理或行业主管部门登记成立的企业、机构等社会力量。

第七条 承接主体应当具备以下条件：

（一）依法设立，具有独立承担民事责任的能力；

（二）治理结构健全，内部管理和监督制度完善；

（三）具有独立、健全的财务管理、会计核算和资产管理制度；

（四）具备提供服务所必需的设施、人员和专业技术能力；

（五）具有依法缴纳税收和社会保障资金的良好记录；

（六）前3年内无重大违法记录，通过年检或按要求履行年度报告公示义务，信用状况良好，未被列入经营异常名录或者严重违法企业名单；

（七）符合国家有关政事分开、政社分开、政企分开的要求；

（八）法律、法规规定以及购买服务项目要求的其他条件。

第八条 承接主体的资质及具体条件，由购买主体根据第六条、第七条规定，结合购买服务内容具体需求确定。

第九条 政府购买服务应当与事业单位改革相结合，推动事业单位与主管部门理顺关系和去行政化，推进有条件的事业单位转为企业或社会组织。

事业单位承接政府购买服务的，应按照"费随事转"原则，相应调整财政预算保障方式，防止出现既通过财政拨款养人办事，同时又花钱购买服务的行为。

**第十条** 购买主体应当在公平竞争的原则下鼓励行业协会商会参与承接政府购买服务，培育发展社会组织，提升社会组织承担公共服务能力，推动行业协会商会与行政机构脱钩。

**第十一条** 购买主体应当保障各类承接主体平等竞争，不得以不合理的条件对承接主体实行差别化歧视。

## 第三章 购买内容及指导目录

**第十二条** 政府购买服务的内容为适合采取市场化方式提供、社会力量能够承担的服务事项。政府新增或临时性、阶段性的服务事项，适合社会力量承担的，应当按照政府购买服务的方式进行。不属于政府职能范围，以及应当由政府直接提供、不适合社会力量承担的服务事项，不得向社会力量购买。

**第十三条** 各级财政部门负责制定本级政府购买服务指导性目录，确定政府购买服务的种类、性质和内容。

财政部门制定政府购买服务指导性目录，应当充分征求相关部门意见，并根据经济社会发展变化、政府职能转变及公众需求等情况及时进行动态调整。

**第十四条** 除法律法规另有规定外，下列服务应当纳入政府购买服务指导性目录：

（一）基本公共服务。公共教育、劳动就业、人才服务、社会保险、社会救助、养老服务、儿童福利服务、残疾人服务、优抚安置、医疗卫生、人口和计划生育、住房保障、公共文化、公共体育、公共安全、公共交通运输、三农服务、环境治理、城市维护等领域适宜由社会力量承担的服务事项。

（二）社会管理性服务。社区建设、社会组织建设与管理、社会工作服务、法律援助、扶贫济困、防灾救灾、人民调解、社区矫正、流动人口管理、安置帮教、志愿服务运营管理、公共公益宣传等领域适宜由社会力量承担的服务事项。

（三）行业管理与协调性服务。行业职业资格和水平测试管理、行业规范、行业投诉等领域适宜由社会力量承担的服务事项。

（四）技术性服务。科研和技术推广、行业规划、行业调查、行业统计分析、检验检疫检测、监测服务、会计审计服务等领域适宜由社会力量承担的服务事项。

（五）政府履职所需辅助性事项。法律服务、课题研究、政策（立法）调研草拟论证、战略和政策研究、综合性规划编制、标准评价指标制定、社会调查、会议经贸活动和展览服务、监督检查、评估、绩效评价、工程服务、项目评审、财务审计、咨询、技术业务培训、信息化建设与管理、后勤管理等领域中适宜由社会力量承担的服务事项。

（六）其他适宜由社会力量承担的服务事项。

第十五条　纳入指导性目录的服务事项，应当实施购买服务。

## 第四章　购买方式及程序

第十六条　购买主体应当根据购买内容的供求特点、市场发育程度等因素，按照方式灵活、程序简便、公开透明、竞争有序、结果评价的原则组织实施政府购买服务。

第十七条　购买主体应当按照政府采购法的有关规定，采用公开招标、邀请招标、竞争性谈判、单一来源采购等方式确定承接主体。

与政府购买服务相关的采购限额标准、公开招标数额标准、采购方式审核、信息公开、质疑投诉等按照政府采购相关法律制度规定执行。

第十八条　购买主体应当在购买预算下达后，根据政府采购管理要求编制政府采购实施计划，报同级政府采购监管部门备案后开展采购活动。

购买主体应当及时向社会公告购买内容、规模、对承接主体的资质要求和应提交的相关材料等相关信息。

**第十九条** 按规定程序确定承接主体后,购买主体应当与承接主体签订合同,并可根据服务项目的需求特点,采取购买、委托、租赁、特许经营、战略合作等形式。

合同应当明确购买服务的内容、期限、数量、质量、价格等要求,以及资金结算方式、双方的权利义务事项和违约责任等内容。

**第二十条** 购买主体应当加强购买合同管理,督促承接主体严格履行合同,及时了解掌握购买项目实施进度,严格按照国库集中支付管理有关规定和合同执行进度支付款项,并根据实际需求和合同规定积极帮助承接主体做好与相关政府部门、服务对象的沟通、协调。

**第二十一条** 承接主体应当按合同履行提供服务的义务,认真组织实施服务项目,按时完成服务项目任务,保证服务数量、质量和效果,主动接受有关部门、服务对象及社会监督,严禁转包行为。

**第二十二条** 承接主体完成合同约定的服务事项后,购买主体应当及时组织对履约情况进行检查验收,并依据现行财政财务管理制度加强管理。

## 第五章  预算及财务管理

**第二十三条** 政府购买服务所需资金,应当在既有财政预算中统筹安排。购买主体应当在现有财政资金安排的基础上,按规定逐步增加政府购买服务资金比例。对预算已安排资金且明确通过购买方式提供的服务项目,按相关规定执行;对预算已安排资金但尚未明确通过购买方式提供的服务项目,可以根据实际情况转为通过政府购买服务方式实施。

**第二十四条** 购买主体应当充分发挥行业主管部门、行业组织和专业咨询评估机构、专家等专业优势,结合项目特点和相关经费预算,综合物价、工资、税费等因素,合理测算安排政府购买服务所需支出。

**第二十五条** 财政部门在布置年度预算编制工作时,应当对购买服相关预算安排提出明确要求，在预算报表中制定专门的购买服务项目表。

购买主体应当按要求填报购买服务项目表，并将列入集中采购目录或采购限额标准以上的政府购买服务项目同时反映在政府采购预算中，与部门预算一并报送财政部门审核。

第二十六条　财政部门负责政府购买服务管理的机构对购买主体填报的政府购买服务项目表进行审核。

第二十七条　财政部门审核后的购买服务项目表，随部门预算批复一并下达给相关购买主体。购买主体应当按照财政部门下达的购买服务项目表，组织实施购买服务工作。

第二十八条　承接主体应当建立政府购买服务台账，记录相关文件、工作计划方案、项目和资金批复、项目进展和资金支付、工作汇报总结、重大活动和其他有关资料信息，接受和配合相关部门对资金使用情况进行监督检查及绩效评价。

第二十九条　承接主体应当建立健全财务制度，严格遵守相关财政财务规定，对购买服务的项目资金进行规范的财务管理和会计核算，加强自身监督，确保资金规范管理和使用。

第三十条　承接主体应当建立健全财务报告制度，按要求向购买主体提供资金的使用情况、项目执行情况、成果总结等材料。

## 第六章　绩效和监督管理

第三十一条　财政部门应当按照建立全过程预算绩效管理机制的要求，加强成本效益分析，推进政府购买服务绩效评价工作。

财政部门应当推动建立由购买主体、服务对象及专业机构组成的综合性评价机制，推进第三方评价，按照过程评价与结果评价、短期效果评价与长远效果评价、社会效益评价与经济效益评价相结合的原则，对购买服务项目数量、质量和资金使用绩效等进行考核评价。评价结果作为选择承接主体的重要参考依据。

第三十二条　财政、审计等有关部门应当加强对政府购买服务的监督、审计，确保政府购买服务资金规范管理和合理使用。对截留、挪用和滞留资金以及其他违反本办法规定的行为，依照《中华人民共和国政府采购法》、《财政违法行为处罚处分条例》等国家有关规定追究法律责任；涉嫌犯罪的，依法移交司法机关处理。

第三十三条 民政、工商管理及行业主管等部门应当按照职责分工将承接主体承接政府购买服务行为信用记录纳入年检（报）、评估、执法等监管体系，不断健全守信激励和失信惩戒机制。

第三十四条 购买主体应当加强服务项目标准体系建设，科学设定服务需求和目标要求，建立服务项目定价体系和质量标准体系，合理编制规范性服务标准文本。

第三十五条 购买主体应当建立监督检查机制，加强对政府购买服务的全过程监督，积极配合有关部门将承接主体的承接政府购买服务行为纳入年检（报）、评估、执法等监管体系。

第三十六条 财政部门和购买主体应当按照《中华人民共和国政府信息公开条例》、《政府采购信息公告管理办法》以及预算公开的相关规定，公开财政预算及部门和单位的政府购买服务活动的相关信息，涉及国家秘密、商业秘密和个人隐私的信息除外。

第三十七条 财政部门应当会同相关部门、购买主体建立承接主体承接政府购买服务行为信用记录，对弄虚作假、冒领财政资金以及有其他违法违规行为的承接主体，依法给予行政处罚，并列入政府购买服务黑名单。

## 第七章 附　　则

第三十八条 本办法由财政部会同有关部门负责解释。

第三十九条 本办法自 2015 年 1 月 1 日起施行。

# 财政部 交通运输部关于推进交通运输领域政府购买服务的指导意见

(2016年2月22日 财建〔2016〕34号)

各省、自治区、直辖市、计划单列市财政厅（局）、交通运输厅（局），交通运输部部属单位：

为积极稳妥、规范有序地推进公路水路交通运输领域政府购买服务工作，更好地发挥市场在资源配置中的决定作用，根据《国务院办公厅关于政府向社会力量购买服务的指导意见》（国办发〔2013〕96号）、《政府购买服务管理办法（暂行）》（财综〔2014〕96号）等规定，结合公路水路交通运输领域实际，提出以下实施意见。

## 一、重要意义

推进政府购买服务是中央对进一步转变职能、创新管理、深化改革作出的重大部署。交通运输是政府提供公共服务的重要领域之一，具有服务内容广泛、服务事项繁多、服务投入大等显著特点。通过引入市场机制，将公路水路交通运输领域部分政府公共服务事项从"直接提供"转为"购买服务"，按照一定的方式和程序交由社会力量承担，有利于促进转变政府职能，加快推进交通运输治理体系和治理能力现代化；有利于激发市场活力，实现公共资源配置效率最大化，提高财政资金的使用效率；有利于调动社会力量参与交通运输领域治理、提供交通运输服务的积极性，构建多层次、多方式公路水路交通运输服务市场供给体系。

## 二、指导思想、工作目标和基本原则

（一）指导思想。

深入贯彻落实党的十八大和十八届三中、四中、五中全会精神，按照国务院推进政府购买服务部署要求，围绕"综合交通、智慧交通、绿色交通、平安交通"建设，加快转变政府职能，推进政事分开和政社分开，进一步放开服务市场准入，引入市场竞争机制，创新服务提供机制和方式，提高财政资金的使用效益，提升公共服务的效率和水平，推动公路水路交通运输服务体系建设，完善交通运输现代市场体系，努力为人民群众提供安全便捷、畅通高效、绿色智能的交通运输服务。

（二）工作目标。

到2020年，基本建立比较完善的公路水路交通运输领域政府购买服务制度，形成与交通运输部门管理职能相匹配、与交通运输发展水平相适应、高效合理的交通运输服务资源配置体系和供给体系，服务质量和水平显著提高。

（三）基本原则。

公路水路交通运输领域政府购买服务工作应遵循以下原则：

——积极稳妥，有序实施。立足公路水路交通运输发展的阶段性特征，准确把握交通运输服务的需求特点、供给格局和承接能力，充分发挥政府主导作用，逐步扩大购买服务范围，有序引导社会力量参与服务供给。

——科学规范，注重实效。建立公路水路交通运输领域政府购买服务的制度，明确购买的主体、内容、程序和机制，科学谋划、精打细算，明确权利与义务、责任与风险，引入服务对象评价与反馈机制，保障政府购买服务的针对性和有效性。

——公开择优，动态调整。按照公开、公平、公正原则，通过竞争择优的方式选择承接政府购买服务的社会力量，确保具备条件的社会力量平等参与竞争。加强公路水路交通运输领域政府购买服务的监督检查和科学评估，建立优胜劣汰的动态调整机制。

——改革创新，总结提升。清理和废除妨碍公平竞争的制度障碍，注重与事业单位分类改革相衔接，有效解决公路水路交通运输领域存在的服务产品短缺、服务质量效率不高等问题。及时总结改革实践经验，不断提升公路水路交通运输领域政府购买服务的工作水平。

三、主要工作

（一）购买主体。

政府向社会力量购买公路水路交通运输服务的主体为各级交通运输行

政单位和具有行政管理职能的事业单位。

（二）承接主体。

承接政府向社会力量购买公路水路交通运输服务的主体主要为具备提供公路水路交通运输服务能力，依法在登记管理部门登记或经国务院批准免予登记的社会组织、按事业单位分类改革应划入公益二类或转为企业的事业单位，依法在工商管理或行业主管部门登记成立的企业、机构等社会力量。购买主体要结合本地实际和购买公路水路交通运输服务的内容、特点、标准和要求等，按照公开、公平、公正原则，科学选定承接主体。

（三）购买内容。

除法律法规另有规定，或涉及国家安全、保密事项等不适合向社会力量购买或者应当由行政事业单位直接提供的服务项目外，下列公路水路交通运输服务事项可通过政府购买方式，逐步交由社会力量承担：

1. 公路服务事项。包括农村公路建设与养护、政府收费还贷（债）高速公路服务区经营管理、公路桥梁隧道定期检查和检测、公路信息服务等服务事项。

2. 水路服务事项。包括公共航道维护性疏浚、清障扫床、整治建筑物维护、航道设备（除航标外）保养维护和维修、港口公用基础设施检测维护、水路信息服务等服务事项。

3. 运输服务事项。包括公路客运场站运营管理、农村客运渡口渡运服务、城市客运场站枢纽运营管理、城市公共交通运输服务、农村道路旅客运输服务、出租汽车综合服务区运营管理、客运公交信息服务、货物物流公共信息服务、交通运输服务监督电话系统信息服务与运行管理等服务事项。

4. 事务管理事项。包括公路水路领域调查和统计分析、标准规范研究、战略和政策研究、规划编制、课题研究、政策标准实施后评估、公路水路重大建设项目后评估、法律服务、监督检查中的专业技术支持、绩效评价、信息化建设与维护、业务培训、技术咨询评估（审查）、重大交通运输政策宣传和舆情监测、机关后勤服务、外事综合服务等技术性、辅助性服务事项。

购买主体向社会力量购买公路水路交通运输服务的范围应当根据职能性质确定，并与本地区社会经济发展水平相适应。交通运输部门纳入当地政府购买服务范围的事项，不得再交由所属公益一类事业单位承担。

（四）购买程序。

购买主体应按照方式灵活、程序规范、竞争有序、讲求绩效的原则建立健全政府购买公路水路交通运输服务机制。

公路水路交通运输领域政府购买服务应按照政府采购有关法律规定，统一纳入政府采购管理。购买主体根据服务的内容和特点、社会力量市场发育程度、各单位实际等因素，依法采用公开招标、邀请招标、竞争性谈判、竞争性磋商、单一来源采购等方式确定承接主体，加强政府与社会力量和社会资本合作，严禁转包行为。通过多种渠道向社会公开服务需求信息，鼓励社会机构积极参与，选择最佳项目方案。

购买主体要按照合同管理要求，与承接主体签订合同，明确所购买服务的范围、标的、数量、质量要求，以及服务期限、资金支付方式、双方权利义务和违约责任等。对于采购需求具有相对固定性、延续性且价格变化幅度小的服务项目，在年度预算资金能够保障的前提下，购买主体可以签订不超过三年履行期限的政府采购合同。

建立健全以项目预算、信息发布、组织采购、合同签订、项目监管、绩效评价、费用支付等为主要内容的规范的服务购买流程。加强对承接主体服务提供全过程的跟踪监管及对履约情况和服务成果的检查验收，鼓励引入服务对象参与验收工作。

（五）资金管理。

政府向社会力量购买服务所需资金列入财政预算，从部门预算经费或经批准的专项资金等既有预算中统筹安排。购买主体根据交通运输服务需求及预算安排，在编制年度预算时提出政府购买服务项目，确定购买内容和数量，纳入政府采购预算管理。按照"应买尽买、能买尽买"原则，凡具备条件的、适合以购买服务实现的，原则上都要通过政府购买服务方式实施。

（六）绩效管理。

加强交通运输领域政府购买服务绩效管理，强化责任和效率意识，健全绩效评价机制。在购买合同中明确政府购买服务的绩效目标，清晰反映政府购买服务的预期产出、效果和服务对象满意度等内容，并细化、量化为具体绩效指标，分类制定操作性强、具有公路水路交通运输领域特色的绩效指标体系。购买主体应依据确定的绩效目标及时开展绩效监控，确保绩效目标如期实现。加强绩效评价和结果应用，购买主体应在合同约定的绩效指标基础上，制定全面完整、科学规范、细化量化、简便易行的绩效评价指标体系，组织开展年度或定期绩效评价，必要时可委托第三方具体实施。评价结果向社会公布，并作为结算购买服务资金、编制以后年度项目预算、选择承接主体等的参考依据。对绩效低下或无效的，应限制或禁止相应的承接主体再次参与公路水路交通运输领域政府购买服务工作。

**四、组织管理**

（一）加强组织领导，做好政策宣传。

切实落实国务院、财政部关于政府购买服务各项规定，把政府购买服务工作列入重要议事日程，统一思想，明确任务，制定措施，落实职责。要广泛宣传政府购买服务工作的目的意义、目标任务和相关要求，做好政策解读，加强舆论引导，主动回应群众关切，充分调动社会参与的积极性。

（二）推进相关改革，形成改革合力。

转变财政支出方式，协同推进政府购买服务与事业单位改革和行业协会商会脱钩改革，对以承接购买服务方式获得财政资金支持的事业单位和行业协会商会，相应减少财政直接拨款，推动符合市场属性的事业单位和行业协会商会转为社会组织或企业，促进公共服务承接主体培育和市场竞争。

（三）总结购买经验，逐步深入推进。

根据领域特点和人民群众实际需求，按照点面结合、整体推进、重点突破的工作思路，选择部分公益性强、购买意愿足、市场供给条件比较成熟、社会力量能够承担的项目，开展政府购买服务工作。购买主体要不断总结经验，查找不足，完善工作方式，推动政府购买服务工作机制建设，逐步扩大购买服务范围，将具备条件的事项逐步转由社会力量承担。对于暂不具备实施条件的项目，通过转变政府职能、培育发展市场等方式积极创造实施条件，待条件具备后，转由社会力量承担。对于应当由政府直接提供、不适合社会力量承担的服务项目，以及不属于政府职责范围的服务事项，不得向社会力量购买。

（四）提高透明度，推进信息公开。

按照政府采购信息公开的有关规定，购买主体应及时在财政部门指定的媒体上公开采购项目公告、采购文件、采购项目预算金额、采购结果等相关信息。购买主体在确定公共服务项目采购需求时，还应当征求社会公众的意见。购买活动结束后，应将验收结果于验收结束之日起2个工作日内向社会公告，自觉接受社会监督。

（五）严格执行规定，加强监督管理。

严格遵守有关规定，规范政府购买服务资金的管理和使用，建立健全内部监督管理制度。购买主体要积极联合有关部门，建立公路水路交通运输领域承接主体承接政府购买服务行为信用档案，实行联合惩戒制度。对在购买服务实施过程中，发现承接主体不符合资质要求、歪曲服务主旨、弄虚作假、骗取冒领财政资金等违法违规行为的，应依据相关法律法规进行处罚，对造成重大恶劣社会影响的，应当禁止其再次参与公路水路交通运输领域政府购买服务工作。此外，承接主体应严格遵守有关保密规定，不得对外泄露涉及国家秘密、商业秘密、个人隐私的信息。